JN215010

「楽しい仕事」が
長寿に導く！

定年後の超・働き方改革

精神科医
和田秀樹

光文社

はじめに

歴史的背景から見ると、今の**日本の高齢者は〝世界でいちばん頭がいい〟**と言えます。

1980年ごろまで、日本の中学生は数学力で世界一でした。

わが国が高度経済成長期からバブル期まで繁栄できたのも、一般労働者の頭がよかったからなのでしょう。

なかでも団塊の世代はとくに知性が高く、史上空前の受験戦争を経験したことで、その後の高齢者世代にも高い知的レベルが引き継がれました。大学の定員が今よりもずっと少なかったため、大学進学者は秀才揃いでしたし、大学に進まなかった人たちも学力が高かったのです。

結果、現在の高齢者たちは〝世界でいちばん知的レベルが高い〟と形容できます。

また団塊の世代は、終身雇用や年功序列制度によってしっかりと貯蓄をしてきた高齢者たちです。これほど知能が高く、お金を持っている高齢者たちが集まる国は、ほかにありません。

あなたもきっと、そんな年代のお一人ではないでしょうか？

本書を執筆した動機は、そんなシニア世代から「働くこと」についてのご相談をいただくことが多くなってきたからです。

「再雇用されたのはありがたいが、**年収は3分の1**にまで下げられた」
「職探しを始めたら、オフィスワークなんてゼロ。**体を使う仕事ばかり**で驚いた」
「業務を遂行する大変さより、周りの**若い世代への気づかい**でむしろ疲れる」

人生100年時代といわれる今、定年や年金受給開始年齢が引き上げられ、60歳を過ぎても働くことが当たり前になってきているわけですから、仕事にまつわるお悩みが増えるのもしごく当然の流れでしょう。

とはいえ、医師としてはシニア世代が働き続けることには大賛成。なんといっても脳を活性化させ、認知症を予防する効果が期待できますからね。だからこのようなお悩みは即刻、断ち切っていただきたいのです。

働くことで、なぜ老けにくくなるのでしょうか。

働いている間は、たとえデスクワークの方でも通勤や外出で体を使います。しかし、退職後に家に引きこもると、70代の場合は約1カ月もすれば運動機能が低下します。

また、働くと知的活動やコミュニケーション、さまざまな出来事に遭遇しますが、**家で過ごすだけでは脳の活動が低下し、認知症のリスクが高まる**のです。

とくに前頭葉の老化が進みます。前頭葉は創造性や共感に関係して、想定外への対処を可能にします。この部分が老化すると意欲が低下し、運動機能や脳の老化を加速させます。そして、「見た目」まで元気がなくなっていくのです。

できれば**定年退職の前から退職後に何をするか考え、準備することが大切**です。退職してから考えると、ゆったりと過ごす生活が習慣になってしまいかねません。

実際、70歳まで現役で働いていた人が、退職後に何をするのか考えずにリタイアすると、一気に老け込むことが多いのです。

たとえば自営業者や、建築士、税理士等の資格を持っているのに「○歳だから辞める」という選択は得策ではありません。職人さんや農業、漁業に携わる人たちもそうです。続けられる仕事はできる範囲で一生続けることが、老化を遅らせる近道です。

勤め人でも（年齢で役職が外されることはあるかもしれませんが）、働くことから引退する必要はないでしょう。アルバイト、契約社員、どんな形態でもいいのです。

なんなら**「好きなこと」で自営業を始めたっていい**のです。

仕事を通じて社会と関わり続けることが、活動レベルを維持し、若々しくいるための秘訣です。それほど働くことは不老長寿の妙薬なのです。

働くことの第一義は、自分の意欲をキープし続けること。そう捉えてみてください。すると、極端につらいことや嫌なことを仕事にする必要はないと思えてきませんか。〝もっと楽しみながら稼ぎたい〟という心の声に気づきませんか。

そもそも私たち60代以上の世代は今まで頑張ってきました。

家庭では義務を果たし、社会にも貢献してきました。これからの第二の人生こそ〝本当の人生〟です。ですから、今までのように猛烈に働く必要はないでしょう。

ペースダウン、サイズダウン、そしてあなたらしくカスタマイズした働き方を私は推奨します。

さぁ、「働き方改革」をしていきましょう！

本書がとくに強調したいメッセージは次の二点です。

①定年後は仕事でも「楽しさ」「好き」「夢」を大切にしよう。

②「老害」と言われることなど気にせず、職業や職場での振る舞いは自分で決めよう。

奇をてらうわけではありません。

でも、これが事実です。これが、シニア世代の新常識なのです。

「仕事は憂鬱で当たり前」「若者とは仲よく協調していくべき」こんな今までの常識は、一度手放してみてください。

これからの人生は「やりたいこと」を優先しながら働いていきましょう。

世間の常識にとらわれず、仕事を通して人生を味わい尽くしませんか。

定年後の超・働き方改革

「楽しい仕事」が長寿に導く！

和田秀樹

目次

はじめに……2

1章 定年後をビンビンで過ごすための仕事の考え方

■健康長寿のためには「定年後の働き方改革」が必須！……16
■老後の「三大伏兵」を知っておく……21
■仕事も健康も〝短所より長所〟で判断する……26
■第二の人生では、畑違いの業界で夢を追ってみよう……31
■高齢者には年金がある！「老後資金より大切なこと」……33
■親の介護かあなたの夢か……自己決定がなにより大切……35
■反対されたら、配偶者や子どもとの関係も見直していい……38

■具体的な死生観を持っておく……43

2章 高齢者の職探しとワークライフバランス

■年金と月収10万円台で考えれば選べる仕事はグッと広がる……50
■なんとなく「定年延長」「再雇用」は危険すぎる……55
■資格を取って生涯働くのはよい生き方……58
年をとってからでも挑戦できる資格リスト……64
■今の60代は、再就職先に苦労しない……66
高齢者の求人探しに役立つ3サイト……68
■高齢者の強みを生かした仕事の見つけ方……72
■〝ひとりシニア起業〟が成功しやすくなっている理由……74

3章

和田式！「ハローワーク」「起業アイデア」

■〝本当の自分〟が楽しいと感じる仕事をしよう……78
■高齢者の「好き」を生かせる仕事……82
①ライター……82
フリーランスのマッチングサイト比較……85
②助監督……88
③コンサート会場スタッフ……95
④ユーチューバー……99
⑤タクシードライバー……101
■「事務系」から「現場系」への転職について思うこと……106
■定年後も働きやすい四大職業……108
①警備員……108

②管理人 109
③清掃員 112
④介護職 114
高齢者の「好き」を生かせる仕事、定年後も働きやすい四大職業収入リスト 116
■高齢者のための「ニュービジネス」アイデア8 117
①飲食店経営 118
②観光客ガイド 119
③グルメ誘致 121
④デイトレ 122
⑤スマホ操作案内 123
⑥デバイス開発 124
⑦芸能プロダクション 126
⑧ハイレベルクラブ 128

4章

〃老害の壁〃を乗り越える働き方

■「ムラ社会」の常識から自由になろう……134
■あなたも老害恐怖症？……138
■アドラー心理学の〃横の関係〃を職場で意識する……142
■「職場に馴染まなければ」なんて思うな……146
■〃大ハラスメント時代〃の若者との付き合い方……150
■もし、上司や同僚にキレそうになったら？……155
■見た目といっしょに〃感情年齢〃も若返らせる……158
■高齢者こそスマホを活用すべき医学的理由……167
■ＡＩの進化でもっとも得をするのは高齢者……172

5章

進化するシニアの「7つのスキル」

①時間を上手に使うスキル 176
②アウトプットの質を高めるスキル 180
③ひらめくスキル 184
④人とつながるスキル 186
⑤心を守るスキル 189
⑥ＩＴに振り回されないスキル 195
⑦コスパを上げるスキル 199

おわりに 203

ブックデザイン　小口翔平＋稲吉宏紀（tobufune）
構成　山守麻衣
編集　山下雄一郎

1章

定年後をビンビンで過ごすための仕事の考え方

健康長寿のためには「定年後の働き方改革」が必須！

年齢を重ねると、ずっと仕事を続けていることに対して、「いつまでやってるんだ？」という声を耳にするかもしれません。

しかし、医師の視点から見ると、仕事を辞めることが必ずしもよい結果をもたらすとは限りません。とくに、精神的にも肉体的にもまだ余裕がある場合、仕事を辞めることでフヌケのような状態に陥るリスクもあるのです。

逆に、少々の負担や疲れを感じても、その仕事が大きなストレスや苦痛をもたらさない限り、できる限り働き続けることが「自分の幸せ」につながるといえます。

働くことで得られるものは、経済的なメリットだけではないということです。日々の生活にリズムが生まれ、社会とのつながりを保て、結果として心身の健康が維持されます。さらに、仕事を続けることは老化を遅らせ、認知機能を高く保つ効果があるとも言われています。つまり、「いつまでもビンビンと働くこと」こそ、人生を充実させるカギなのです。

時代もあなたを後押ししています。かつては60歳で定年を迎える働き方が一般的でしたが、状況は変わってきました。２０２１年４月に施行された「高年齢者雇用安定法」の改正で、企業には定年を70歳まで延長する努力義務が課されるようになりました。

この「70歳就業法」は、たんに年齢を延長するだけでなく、年齢に応じた柔軟な働き方を可能にする制度を企業に導入させることを目的としています。その結果、多くの方が70歳まで現役で働き続けられる時代がやってきたのです。


総務省の統計によれば、２０２４年９月時点で65歳以上の高齢者は３６２５万人と過去最多を記録しています。総人口に占める割合は29・３％ですが、この値は世界の２００の国・地域のなかで最高の割合です。名実ともに、〝世界一の老人大国〟といえるでしょう。

高齢者のうちなんらかの形で仕事に従事しているのは約９１４万人（25・２％）。とくに65歳から69歳の就業率は、２０２４年には52％に達しました。なんと**半数の方がまだ働いている**のです。このように、高齢者の就業はますます増加傾向にあり、社会全体が「長く働くこと」を当然視するようになりつつあります。

背景には、健康寿命が延びていること、若年層の労働力不足など多くの要因が絡んでいます。こうした変化にともない〝第二の人生〟としての新しいキャリアや活動が60代以降にも広がっているのです。

■働く人ほど長生きできる？

日本国内で長寿県として名高い長野県ですが、その長生きに大きく貢献している要因が何かご存じでしょうか？

じつは「働くこと」がその一因となっているのです。

長野県には**高齢者の就業率が他県と比較しても圧倒的に高い**（65歳以上の就業率31・6％　2020年国勢調査より）という特徴があります。農業が盛んな地域であるため、年齢を重ねても自営で農業を続け、うまくいけば一生涯働き続けられるのです。

自分の裁量で管理できる小規模な田畑があり、それを維持しながら働くことで、収入を得るだけでなく、働く楽しさを感じ、さらにその収入で温泉旅行に出かけたり、美味しい食事を楽しんだり、お孫さんにお小遣いを渡したりと、心豊かな生活を送っています。これが心と体の健康維持にもつながっているのです。

退職後、急に何もせずに家に閉じこもると、心身にさまざまな悪影響が出てしまいかねません。とくに男性の場合、「何をしたらいいのかわからない」と悩みがちです。急に自由な時間が増えると、逆に戸惑って、無気力な日々に陥ってしまうことが少なくないのです。

また目標もなく無気力に毎日を過ごしていると、あらゆることに対して徐々に意欲が湧《わ》かなくなり、最終的には動くことすらも億劫になってしまいます。こうした無気力な生活が続くと、認知機能と運動機能の両方が急激に衰えるため、健康的な老後を送ることから遠ざかってしまいます。

慶應義塾大学の研究によると、**定年退職後もなんらかの形で働き続けている人は、脳卒中や心筋梗塞などの深刻な病気にかかるリスクが低く**、健康を維持している人が多いことがわかっています。さらに、働き続けることで体の機能が維持され、結果として寿命が長くなる傾向も見られています。

そもそも、ある一定の年齢に達すると仕事を辞めなければならないという制度自体が、〝年齢差別〟といえるでしょう。

最近では、一部の企業で定年を撤廃し、働く意欲のある70代でも現役を続けられるような制度が広まりつつありますが、全体としてはまだまだ少数派に過ぎません。

それは雇われている医師とて同じことです。
私の大学の同窓生のなかには、医学部教授や大病院の病院長になった友人たちがいます。彼らも定年が迫ってきて、「この先どうしようか……」とよくぼやいています。開業すれば自分で自分の定年を決められますが、勤務医だとそうはいかないのです。

そんな姿を見るにつれ、肩書がなくなったとき、どう生きるかを早いうちから考えておくのが賢明だと感じさせられます。
定年を迎えて会社を追われてからあわてて考えるのではなく、第二の人生に向けた準備を始め、次に何をするのかを自分なりに計画しておくことが重要です。

高齢者らしい方法で長く続けられる仕事を見つけ、楽しみながら働くこと。そんな「定年後の働き方改革」は、今後ますます重要になっていくことでしょう。

老後の「三大伏兵」を知っておく

どんなに元気で健康な人でも、加齢にともなう体や心の変化は避けられません。気持ちのあり方や意志の強さだけではどうにもならない身体的な変化が確実に訪れます。

とくに注意すべき「三大伏兵」として知られているのが、「①前頭葉の萎縮」「②ホルモンバランスの変化」「③セロトニンの減少」です。これらを理解して対策を立てることが、老化のスピードを緩やかにするカギとなります。

■①前頭葉の萎縮と意欲の低下

まず、脳の老化の一環として前頭葉の萎縮が挙げられます。

脳のなかでもっとも早く老化が進むのは、記憶を司る海馬ではなく、意欲や創造性をコントロールする前頭葉です。この前頭葉の萎縮が見られるようになるのは40代頃からで、ここから脳のほかの部分の老化が加速していきます。

前頭葉が萎縮すると、物事に対する意欲が低下し、日々の生活に活力を見出しにくくなります。何をしても楽しめない、気力が湧かないと感じるのは、前頭葉の老化が原因であるケースが多いのです。

この意欲低下に対処するには、脳を常に活性化させ、前頭葉の機能を維持することです。**新しいスキルの習得、知的な活動、社会的なつながりを持つことなどが、前頭葉の萎縮を遅らせる**助けとなります。つまり「働くこと」はうってつけといえます。

■②ホルモンバランスの変化とその影響

ホルモンバランスの変化は、とくに中高年以降に顕著になります。中高年から老人へと移り変わっていくこの期間を私は〝思秋期〟と呼んでいます。この時期に差しかかると、ホルモンの分泌量が徐々に減少し、体の調子が変わり始めます。

このホルモンバランスの変化は、たんに体の衰えをもたらすだけでなく、精神面にも大きな影響を与えます。とくに男性の場合、男性ホルモンであるテストステロンの減少が、体力や意欲の低下、さらには感情の不安定さを引き起こす原因となります。

もし「最近ゴルフの飛距離が出なくなった」「記憶力が低下している」などと感じたら、それは男性ホルモンの不足が関係しているかもしれません。その場合、**泌尿器科で男性ホルモン補充療法を受ける**ことが有効です。定期的なホルモン補充は、体力の回復と意欲の向上につながります。

■③セロトニンの減少とうつのリスク

セロトニンは〝幸せホルモン〟とも呼ばれ、気分を安定させる役割を担っています。加齢とともにこのセロトニンの分泌量が減少し、うつ病を発症しやすくなります。うつ病にかかると、前頭葉の機能がいっそう低下し、意欲の低下に拍車がかかります。この負の連鎖を防ぐには、**適度な運動やリラクゼーション、良質な睡眠が欠かせません**。

また、気分が落ち込んだり不安感が強まったりした場合は、心療内科を早めに受診するようお勧めします。

■「いつもと同じ」は逆に危険！

この三大伏兵のなかでも、とくに気をつけていただきたいのは「前頭葉の老化」です。前頭葉の衰えが進むと、私たちの日常生活に大きな影響を及ぼし、意欲や創造性が失われ、さらにはうつ病のリスクも高まります。

より詳しく見ていきましょう。

前頭葉は脳のなかでもとくに「変化」に対応する部分です。意外な出来事や想定外の状況に直面したとき、瞬時に判断し、柔軟に対応する力を持つのがこの前頭葉の役割です。ふだんと違うことをしなければならない場面で働くのが前頭葉であり、その働きによって新しい発想や解決策が生まれます。しかし、前頭葉が老化し始めると、逆に「ふだんと同じこと」を好むようになり、変化を避けようとする傾向が強まります。

たとえば、**行きつけの店ばかりを利用したり、「同じ著者の本しか読まない」といった行動が増えていくのも、前頭葉の老化が原因**のひとつです。

では、前頭葉の老化を防ぐためにはどうすればよいのでしょうか。

その答えは「新しいことに挑戦し続ける」ことです。新しいことに取り組むことで、前頭葉は刺激を受け、機能を維持しやすくなります。たとえば、新しい趣味を始める、新しい仕事に挑戦する、旅行に出かけて新しい場所を訪れるなど、日常的に新しいことを取り入れてみてください。

本書が働くことを強くお勧めするのも、この「新しいことへの挑戦」を日常的に持続し

やすくするためです。仕事を続けることで、新しい問題や課題に日々直面します。知らない方との関わりも増えるでしょう。社会のなかでも、真っ先に変化が訪れるビジネスの現場に身を置くことで、それに対応するために前頭葉を使う機会もおのずと増えていくのです。

仕事も健康も〝短所より長所〟で判断する

新しいことに挑戦し続けるといっても、自分の苦手な分野にわざわざ飛び込む必要はありません。重要なのは、**自分の短所をムリに克服しようとするのではなく、むしろ長所を伸ばしていくこと**です。

短所にこだわると自己否定感が増し、モチベーションが下がってしまいますが、長所を伸ばすことで自然と自信がつき、人生が充実していきます。

受験勉強においても、苦手科目を補おうとはせず「得意科目で他者との差を広げる戦略を取ることで難関校に合格できた」という声を、私はこれまで数えきれないほど聞いてきました。

またプロスポーツの世界でも、短所がほぼない選手より、多少の欠点はあっても長所が際立つ選手のほうが人気を集め、結果的に大きな成功を収める例が多いのです（大谷翔平選手は異例中の異例でしょう）。

これは仕事や人間関係、性格にもあてはまる考え方です。

人の魅力とは、完璧さにではなく、むしろその人の独特な長所にこそ存在します。それは個性であり、その人らしさを際立たせる要素です。

だからこそ、短所を克服することに固執するよりも、自分の長所をどうやって最大限に生かすかを考えたほうが、結果的に充実した人生を送れるのです。

この考え方は、健康管理にもあてはまります。

健康については「すべての検査データが正常でなければいけない」という考えに陥りがちですが、それは必ずしも正しいとは限りません。

実際、やせ型で検査結果がすべて正常な人でも、活力を失い、よぼよぼとしている場合があります。

一方で、**多少の異常値があっても、若々しくいきいきとしたお年寄りが、長生きしているる**ケースも多く見受けられます。

もちろん、命に関わる重大な問題があればそれを改善する必要はあります。でもそうではない場合、すべての短所を徹底的に改善しようとするより、長所に目を向け健全な心と体を保つほうが、人生を心豊かに生きられるのです。

これは私の35年以上の高齢者医療の臨床経験からも、自信を持って言えます。

■基準値に惑わされない

日本では、健康診断の結果で示される血圧や血糖値、中性脂肪、コレステロールなど、さまざまな基準値が厳しめに設定されています。

多くの医師は「これらの数値を下げろ」と言いますが、実際のところ、それほど下げなくても死亡率には大きな影響がないケースが多いのです。医療が「健康モデル」ではなく「病気モデル」を前提としているため、**基準値を厳しく管理し、少しでもマイナスの部分を改善しようとする風潮が強い**のです。しかしこれはしばしば過剰な健康管理につながりかねません。「許容範囲が狭すぎる」とよく感じます。

このような「病気モデル」は、性格にたとえるなら、短所や欠点ばかりに目を向けて、それをどうにか修正しようとするのに似ています。結果として「カロリーを抑えろ」「肉は食べすぎるな」「酒はやめろ」「タバコもやめろ」という我慢ばかりを強いることになります。

こうした制限は、一定の効果があるかもしれませんが、心身にとって長期的に持続可能なものかどうかは疑問です。必要以上に厳しい基準を守ろうとすると、逆に生活の楽しみや活力が失われてしまうことも少なくありません。

とくに日本では、健康診断の結果に過度に一喜一憂し、ほんの少しでも基準値を外れると心配になってしまう方が多いようです。


私はむしろ「健康モデル」に目を向けるべきだと考えています。

万能な人間など存在しませんし、年を取れば少なからずどこかに不具合が出てくるのは自然なことです。そのため、すべての数値を完璧にするためにあれこれと制限を設けるのではなく、**自分の体と心が本当に求めているものに耳を傾け、ムリのない範囲で健全な生活を送る姿勢が重要**です。

そのなかで、とくに重要なのが「やりがい」や「自己肯定感」を保つことです。これらは、たんに数値的な健康よりもはるかに心身によい影響を与えます。


この考え方は、仕事選びにも応用できます。

定年を迎えた後、次にどんな仕事を選ぶか悩む方も多いでしょう。そんなとき、自分の短所を補うための仕事を選ぶのではなく、自分の強みを生かせる仕事を選ぶほうが充実感を得やすいのです。

あるいは自分の強みを生かせそうなスキルを獲得するのもよいことです。

報酬の多寡は別の問題として、長所を発揮できる場で楽しく働くことが精神と肉体の健康、さらには長寿へとつながるのです。

第二の人生では、畑違いの業界で夢を追ってみよう

60代以降も働きたいと考えるなら、転職を視野に入れることを強くお勧めします。

よく「50歳を過ぎたら転職先なんて見つからない」といわれますが、それは職を選びすぎているからに過ぎません。

たとえば、「これまで通り、年収500万円以上は欲しい」と望むなら、それは厳しい条件です。年収500万円の仕事は若い世代にも人気があります。企業としても同じ給与であれば若い人材を選びたいと考えるのは当然です。

しかし、ここで年収を「300万円以下」に設定すると、一気に状況が変わります。年収をある程度下げることで、じつは多くの転職先が見えてくるのです。

これまで右肩上がりで年収をアップさせてきた皆さんにとって、受け入れがたい金額かもしれません。しかし、もし住宅ローンやお子さんの教育費などの大きな支出が終わっていたり、目処が立っている場合、本当に現役時代のような高い年収が必要でしょうか？

年収300万円以下に目を向ければ、現役時代には挑戦できなかった、かつての夢を叶えるための仕事が見えてきます。

私自身が関わっている映画の制作現場も、じつは常に人手不足の状態です。たとえば「助監督」なんかは、仕事がきつい割に給料が安いために若者の希望者が減っているのです。しかしながら、映画制作現場の最前線でさまざまな業務を遂行する助監督の仕事は、映画が好きで、この業界に入ることを一度は夢見た方なら、きっと大きな「やりがい」や「楽しさ」を感じられるはずです。

映像制作の仕事はそれなりに肉体労働もともないますが、近年では労働契約が厳しく管理され、かつてのような過酷な現場は減少しています。

年収は現役時代より下がってしまうかもしれませんが、年齢にとらわれず**新しい分野での挑戦がもたらす充実感や達成感は、お金以上の価値を持つ**ことが多いのです。

高齢者には年金がある！「老後資金より大切なこと」

夢を追い続けることを私が提唱するのは、〝高齢者の皆さんには圧倒的な強みがある〟からです。そうです、「年金」という安定した収入源を持っていることです。

年金に支えられながら働けるという境遇は、じつは非常に恵まれています。若い世代にとってみれば、まるで夢のような話に聞こえるはず。

まさに人生のボーナスタイム。

今まで頑張ってきた自分への〝ご褒美〟なのですから、しっかりと享受しましょう。

そう考えたら、**体を壊す寸前まで働いたり、職場の嫌な人間関係に耐え続けたり、やりがいのない仕事に多くの時間を割くなんて、もったいない**と思いませんか。

やりたい仕事、おもしろい仕事、本当に好きな仕事に没頭できたとしたら、どれだけ幸せなことでしょう。若かりし頃、背負うものが多すぎていったん諦めた夢を追いかけてもいいではありませんか。

たとえ年収が下がったとしても、今なら本当の自分で生きても、飢え死にすることはありません。なんといっても年金があるわけですからね。

■老後資金はメディアに不安を煽られるな

とはいえシニア世代のほとんどが、ご自身のそんな〝特権〟に気づいていないようにお見受けします。その原因は、メディアが老後の不安を煽るから。

余裕があるのに、貯金に励みすぎている方がなんと多いことでしょうか。

実際、老後の資金はほとんど必要ありません。年金と退職金があって、さらに少しでも仕事を続けようというあなたなら、生活費を差し引いて遊ぶお金も十分できます。

現役時代のような高い年収はなくても困らないのです。

「お金を貯めなければ」という強迫観念からは、もう卒業しませんか？

人生の最期を迎えつつある方からよく聞くのは「死ぬまでに楽しい思い出をもっと残しておきたかった」という声です。

第二の人生を好きな仕事でより充実させて、思い出に満ちた時期にしましょう。

「ライスワーク（生活のための仕事）」から、「ライフワーク（人生の仕事）」へシフトしていくのです。

親の介護かあなたの夢か……自己決定がなにより大切

親御さんの介護については、具体的にどうするか、早めに考えておければ理想的です。なぜなら、そこには貴重なお金と時間が絡むからです。

もしあなたに配偶者がいて「親の介護をまかせて自分は働き続ける」という選択をした場合、それなりの報酬を配偶者に渡す必要があります。

これは〝お礼〟として当然です。

あるいは、配偶者に多額の報酬を払うくらいなら、ヘルパーさんを雇ったり、老人ホームなどに早めに入っていただくほうが賢い選択かもしれません。

親御さんも年金を受給中でしょうから「介護費用の一部にあててほしい」と提案してもよいでしょう。

問題は、そのどちらでもないケースです。

親御さんご本人が老人ホームへの入居を拒んだり、配偶者に「あなたも定年後は、介護を一緒に手伝って」と提案された場合。あなたは、思いどおりの働き方が選べなくなる可能性があります。

事態が起きてから「どうしよう……」とあわてるよりも、余裕のあるうちに冷静に話し合っておくほうが、いい解決策が見つかるのではないでしょうか。**「夫婦のどちらかに負担が偏りすぎないやり方」について、検討しておきたい**ものです。

今の時代は、共働きのご家庭も増えました。二馬力でお金を出し合い、上質な老人ホームに親御さんを託すという選択肢もあります。これは「わが子を保育園に入れて仕事を続ける」のと同じ感覚でしょう。

人生の残り時間はあなたのものです。これまで子育てやローン返済のために馬車馬のように働いてきたのですから、**これからは自分の時間のためにお金を稼ぎ使うべき**です。

定年延長や再雇用という道を選ぶか、あるいはゼロから新しい職場を探して就職活動をするか、ホワイトカラーからブルーカラーに転身するか。

人生の大きな岐路に立ったとき、多くの方は周囲の意見を参考にしようとします。

ご家族や友人、同僚に相談することは非常に大切ですが、脳科学の見地から見ると、もっとも重要なのは「あなた自身が最終的に決断すること」です。

以前、内科医の**鎌田 實《みのる》先生**（諏訪中央病院名誉院長）と対談させていただいたことがあります。

「健康幻想から自由になろう」というテーマを軸に、人生の大先輩の胸をお借りして縦横無尽に放談させていただきました（その対話は『医者の話を鵜呑みにするな』（ワック）という一冊に結実しました）。

なかなかスリリングな対談ではありましたが（笑）、私と鎌田先生の意見が見事に一致したのは**「健康で幸せに生きるためのカギは自己決定にある」**という点でした。

自己決定とは、読んで字のごとく〝自分の人生を自分で貫く〟こと。やりたいことを我慢せず、興味のあることに積極的に取り組むことです。

自分にとって楽しければそれでよいのです。好奇心旺盛に生きることが、自己肯定感を高め、結果的に脳の老化予防にも効果を発揮します。

反対されたら、配偶者や子どもとの関係も見直していい

第二の人生の働き方について、大きな決断をしようとしたとき。もしパートナーから理不尽な理由で反対されたり、心の距離を感じるような場面があった場合、今のパートナーシップを見直すこともひとつの選択肢かもしれません。それほどまでに「本当にやりたい仕事をする」ということは、あなた自身の人生において重要な意味を持っています。

もちろん、決断を下す前には、十分な対話が必要です。しかし、何度話し合っても理解が得られない場合、関係の見直しがあなたの幸福につながることもあります。

さらに、互いの両親の介護問題や相続問題が絡んでくる場合も珍しくないでしょう。こうした問題は、お金での解決が必要なケースもあります。さまざまな課題が絡んでいると気づいたら、早い段階からの検討が重要です。後であわてることのないよう、余裕を持って考えたいものです。

現代社会では〝熟年離婚〟の割合が飛躍的に増えています。昭和の時代と比べ、年金の分割制度や女性の社会進出の影響もあり、離婚は以前ほどネガティブに捉えられなくなっています。むしろ、**熟年離婚は新しい人生を切り開くためのひとつの手段**として肯定的に捉えられつつあります。

パートナーシップを見直す際に知っておくべき重要なポイントのひとつは、男女の体の仕組みの違いです。

男性は加齢によって男性ホルモンの分泌が減り、次第に意欲が低下していく傾向があります。一方、**閉経後の女性は男性ホルモンが増加するため、逆に元気で社交的になる**ケースが多いのです。このような身体的な変化が、パートナー間の関係に影響を与えることは少なくありません。

現代では年金が夫婦単位でなく、個別に分けられる制度が整っています。加えて再雇用や転職をサポートする業界や職場も増えているため、仕事に意欲のある熟年層は新しい道を見つけやすくなっています。

また、昔に比べて熟年期に新しいパートナーを見つけることも、それほど難しくなくなってきました。これは男女どちらにとっても言えることです。

こうした背景から、お子さんや生活のために我慢してきたことをこれ以上、続ける必要がなくなる場合もあります。

もし、今のパートナーとの関係がうまくいっていないと感じるのであれば、お互いに次の人生を歩み出すことも選択肢としてありえるでしょう。


結婚関係を続けるかどうかを判断するためのひとつの指標として、私は夫婦間での「対話の量」をよく挙げています。

たとえば、「相手が自分の愚痴や悩みを聞いてくれるかどうか」、または「お互いにその日あった出来事を共有する時間をつくっているかどうか」といったことです。それも相手に対して一方的に話すのではなく、**双方向のコミュニケーションが取れているかどうかが重要**です。

夫婦関係は、日々の小さな対話の積み重ねによって築かれていくものです。相手の話に耳を傾ける姿勢、そして自分の話を聞いてもらうことで得られる安心感が、長く続く関係の基盤となります。もし、こうした対話が減ってしまっていると感じた場合、それがパートナーシップを見直すタイミングかもしれません。

パートナーシップを見直すことになった場合は、もちろんこれまでのお相手には、（金銭面含め）誠意を尽くすことです。

■子どもの意見に流されない

人生の大切な決断をする際、お子さんの意見に耳を傾けることは重要です。しかし、それが100％お子さんの意見に従うことを意味するわけではありません。

お子さんを持つ親が60代を迎えた時点で、親子間の関係も再考する必要があります。とくに、**親がお子さんを甘やかしたり、逆に自分がお子さんに甘える関係性は、ここで終わりにしたい**もの。なぜなら、お子さんとの関わり方が原因で、高齢者が自分の幸せを追求できなくなるケースがあるからです。

たとえば、ある資産家が残念ながら配偶者と死別し、その後しばらくして再婚を考えたとしましょう。このような場合、お子さんたちはよく「再婚相手は財産目当てに違いない」と反対します。

一方、資産家などの富裕層ではない場合。お子さんたちは再婚を素直に歓迎するケースが非常に多いのです。「よかったね、二人で幸せに暮らしてね」と祝福してくれるのです。

この現象は、資産を持つ人が逆に自由な選択がしにくくなることを示しており、私はこれを〝お金持ちのパラドックス〟と呼んでいます。

欧米では、このお金持ちのパラドックスに悩む人はほとんどいません。資産があってもなくても、再婚したい人は自分の意思で再婚しています。周囲の反対や批判に左右されず、本人が幸せになるための行動が重要視されているのです。

日本でも、いくらお子さんが反対しても、最終的には自分の気持ちに従うことが大切です。

一人で寂しく過ごすよりも、自分と一緒に生活してくれる人がいるほうが、より心豊かで幸せな第二の人生を送れるでしょう。

具体的な死生観を持っておく

人生の後半に差し掛かる60歳前後になると、「どんなふうに生き、そしてどのように死んでいきたいか」という死生観を具体的に持つことが非常に重要です。

これは抽象的な概念ではなく、実際に自分の医療との関わり方や、日々の生活の選択にも大きな影響を与えるものです。再び働き始めると、忙しさに追われてこうしたことを考える余裕がなくなるかもしれません。だからこそ、今のうちに具体的な死生観を描いておきませんか？

私自身、数年前に血糖値が急上昇し、1カ月で5kgも体重が減少するという体験をしました。その結果、糖尿病と診断されましたが、当初は膵臓ガンの可能性が疑われ、多くの検査を受けました。

そのとき、私は**「もし膵臓ガンだった場合、治療は受けない」**と心に決めていました。

そもそも膵臓とは〝沈黙の臓器〟という異名を取るほど恐ろしい部位です。つまり、膵臓になんらかの自覚症状が現れたときにはすでに進行しているケースがよくあるのです。ところが治療を受けると抗ガン剤や手術のダメージで、心身ともにボロボロになっていく可能性が大きい。「寿命が多少短くなっても元気でいたい」というのが私の死生観に基づく決断でした。

このように、具体的な死生観を持つことで、医療との向き合い方が大きく変わっていきます。もちろん、死生観は人それぞれであり、正解も不正解もありませんが、自分がどのように生きて、どのように死んでいきたいかを明確にすることで、人生の選択に迷いが少なくなります。

私の死生観は、**「元気でいられる間に、好きなことを200%楽しみ尽くすこと」**です。動けるうちは、そこそこの体力を保ち、旅を楽しんだり、映画制作に挑戦したり、美味しいものを味わうことを続けていきたいと思っています。

■平素から自分の治療方針を決めておく

医療や病気にあまり詳しくない方でも、覚えておいてほしい概念があります。病気の2種類の治療についてです。

治療は**「病気を治す治療」**と**「元気になる治療」**に大別されます。この違いを知っておくことは、自分の健康をどう守りたいかを考えるうえでとても大切です。

「病気を治す治療」は、文字どおり病気そのものを根絶することを目指す治療法です。医師が検査の数値を見て、その数値が基準値を超えていれば薬を処方し、ガンなどの深刻な病気が見つかれば、患部を大きく切除して転移を防ぐことを目的とします。

たとえばガンが発見された場合、転移を防ぐため、腫瘍の周辺まで広く切除するケースがよくあります。結果、腫瘍は取り除かれ、術後の検査の数値も改善されます。

この「病気を治す治療」は、多くの一般的な医師が行う標準的な治療法であり、とくに患者さんからの希望がなければ、通常はこちらが選ばれます。

しかし、このアプローチには大きな課題もあります。

それは**治療に焦点が当たりすぎてしまい、患者さんの「生活の質（QOL）」が軽視されやすい**点です。

治療のおもな目的が病気を根絶することにあり、患者さんの生き方や日常生活にはあまり目を向けていない場合があるのです。

一方で、「元気になる治療」は、病気そのものを治すことよりも、患者さんが元気で充実した生活を送ることに焦点を当てた治療法です。

このアプローチでは、病気を完全に治すことを目標にはせず、患者さんのＱＯＬの充実を最優先して考えます。投薬や手術が必要な場合でも、ＱＯＬを大きく損なわないように、必要最小限の治療にとどめる点が特徴です。

この場合（ときに余命が短くなることもありますが）、**患者さんは亡くなる直前まで比較的元気で、日常生活を楽しみながら過ごせる**ケースが多いです。

また「元気になる治療」では病気を積極的に治療するのではなく、患者さんの主観や感情を最優先にし、体調が悪化したときに症状を緩和することを目的としています。たとえば、痛みが強くなったときは、その痛みを和らげる治療が行われます。

この治療方針を選べば、患者さんは病気に苦しむ時間を最小限に抑えられ、残された時間を充実させやすくなります。

今からどちらの治療方針を選びたいかを考えておくことは、とても大切なことです。なぜなら、病気が発見されてからでは、冷静に治療方針を選ぶのが難しくなりがちだからです。

治療方針を決める際、医師からの助言は大切ですが、最終的にどちらを選ぶかはあなた自身の意志によります。**医師まかせにせず、自分の人生において何を大切にしたいのかを考え、自分で決断する覚悟**が必要です。

2章

高齢者の職探しとワークライフバランス

年金と月収10万円台で考えれば選べる仕事はグッと広がる

多くの人にとって、定年後も働き続ける場合、年収の激減は避けられない現実です。これは〝シニアあるある〟の一つなのですが……。「年収1000万円プレーヤーが定年延長（再雇用）で半額以下に減給されて怒り狂う」という話をよく見聞きします。

ですが、もし教育費やローンの支払いが残っていないのなら、怒ったり悲しんだりする必要ありませんよね。なんといっても年金があるのですから。

それどころか、世間一般の常識に照らし合わせて考えると喜ぶべきかもしれません。「60代で年収500万円ももらえるなんてありがたい」「俺はすごい」ってね。

シビアに聞こえるかもしれませんが、**自分の市場価値を冷静に見極めることが大切**です。

そして、過大な期待をしないことです。定年延長を経て出世したり、役員に抜擢されたりということはほとんどない、とわきまえておきましょう。たんに長く勤めたからといって重用される時代は、とっくの昔に終焉しています。

定年後の給料は、全国的に名を知られた会社でも「年収300万円」という話はざらにあります。

私は、この「300万円」というのが、仕事探しの分水嶺になる気がしています。

今までの会社にしがみついても300万円なら、よりやりがいのある仕事、好きな仕事を求めて、転職、起業をしてもいいじゃないかと思うのです。つまり年収300万円以下でよいなら、探し方次第でもっとおもしろい仕事ができるのではないかと。

どれだけ楽しく、どれだけ感謝され喜ばれるかを基準に考えれば、新たな道が見えてくるでしょう。

■「なんとしてもお金が必要な人」は我慢するのも得策

定年後の高齢者にとって、働き方は大きく2つのタイプに分かれます。

まずは、「子どもの教育費やローンの支払いがまだあるから、会社に残り(定年延長、再雇用)、少しでも年収を維持したい」という働き方です。

そんな方は、できるだけストレスなく組織を軽やかに生き抜いてください。

たとえ年収が300万円に減ったとしても、十分ご立派です。そこで働くことが最適解なのですから、魂を売ってでも、そこにとどまるのが賢明です。

職場を〝監獄〟と割り切って、お金のために担々と働くのは悪い考えではありません。下手に転職して不安定な仕事に挑むより、安定した収入を確保するほうが大事なのです。

ただし、教育費やローンは仕方がないとしても、自家用車を保有している場合、車は手放し、公共交通機関を利用することで支出を削減するなどの調整は必要かもしれません。

一方で、**今の職場を離れる手もありますが、年収を上げることはもちろん、維持することも簡単ではありません。**

高齢者が新たに始められる年収の高い仕事として、たとえばコンビニの店長や道路工事などの肉体労働が考えられます。しかし、60代の方にとっては体力的に相当厳しいはず。ムリをすると健康を損なう危険もあります。

道路工事で試算してみましょう。仮に週5日、日給2万円で働くとします。

1年を365日、そのうち土曜・日曜を104日、祝日を16日としましょう。稼働できる日数は245日です（365日－104日－16日＝245日）。そして年収を単純計算すると

490万円になります（245日×日給20000円＝490万円）。

「1日2万円」という高待遇なんて、そうそう見つからない破格の報酬です。皆さんはこの試算をどう捉えますか？

そして、**学費もローンも全部払い終えた方にお勧めしたいのが、年収100万〜200万円、月収換算で10万〜15万円というライン**。「年金に担保される生活なのだから、好きな仕事で稼ごう」という働き方です。

たとえば、自宅を少し改装して小さな喫茶店を開いたり、趣味を生かしたライター業などで収入を得る道です。

在宅ワークなど、体力に負担の少ない仕事も多数あります。得意なことを極めれば、年収100万〜200万円のラインなんて軽々と超えられる可能性もありますよ。

私がお勧めする具体的な仕事については、3章で詳しく紹介しましょう。

「自営業や起業もいいけれど、やっぱり安定した職に就きたい」

そんな方への私のイチオシは介護職です。

介護業界は人手不足が深刻ですし、力仕事に強い男性の介護職員は重宝されます。月収は20万円台で、年収300万〜400万円台。社会貢献ができて、「感謝される」仕事ですから、精神的な喜びが大きいのです。

なんとなく「定年延長」「再雇用」は危険すぎる

「今の組織から離れても、経済的にやっていける自分」を一刻も早くイメージしておくことが大切です。

私の知人に元官僚がいます。彼は優秀だったのでしょう、定年後、特殊法人にいわゆる〝天下り〟をしたのですが「来年（65歳）で定年なのだ」と明かしてくれました。よくよく聞いてみると、彼は天下り先でもうまくやっていたようです。むしろ成功を収めたと言ってもよいレベルのようですが、ルールはルール。

「お前はいいよな、医者というのは定年がないから」と羨ましがられてしまいました。たしかに医者や弁護士のような有資格者は、定年に関係なく働き続けられます。

また、肩書がなくなったらどうするか、早くから考えることをお勧めします。

欧米では会社のなかでもファーストネームで呼び合う文化があります。スティーブ・ジョブズも組織のなかでは「スティーブ」と呼ばれていましたし、部長であっても「トム」だったりするわけです。肩書がなくなっても呼び名は変わりません。

しかし日本では、「課長」「部長」といった肩書で呼ばれることが多いので、定年を迎えて肩書がなくなった途端に「おじいちゃん」「おばあちゃん」になってしまうのです。つまり肩書がなくなった途端に〝名無しの権兵衛〟状態になるわけです。

日本では下の名前で呼び合う文化がない以上、**肩書がある間にしっかり自分の未来を設計しておくことが大切**です。

つまり官僚や大企業などで華々しく活躍していても、そこには**〝定年の壁〟**があって、結局そのキャリアは終わってしまうんです。たとえ天下りできたとしても、それだって、いつかは切られる運命ですからね。よしんば定年のない取締役になれたとしても、任期は1～2年。万一嫌われでもしたら、解任されてお役御免です。

■今、あなたが50代なら仕事の手を抜きなさい

もしあなたが50代なら、あがくことはまだ可能です。むしろ、今がチャンス！　第二の人生を最優先に考え、仕事の手を抜きながら、〝本当の人生〟を設計しましょう。

最後まで手を抜かず、今の職場で一生懸命頑張ろうという考え方ではなく、退職後の自分の人生を第一に考えるべきです。なぜなら、人生100年時代、定年後の第二の人生は

まだまだ長く続くのですから。

わかりやすく言うと、職場にいるときのあなたには**〝頑張らないおじさん〟**を目指してほしいのです。多くの人は〝頑張らない〟とは見られたくないでしょうが、人目など気にしないでください。


そもそも若い頃から安い給料で会社に尽くしてきたのですから、今はその「貸し」を回収しているだけ。働きの割に給料が高くても問題はありません。むしろ、〝頑張らないおじさん〟を貫くことでプラスマイナス相殺されて、ちょうどよいのです。

やるべき仕事はソツなくこなしつつ、余計な仕事は他人にまかせましょう。残業なんてせず、さっさと帰ることです。そして、**残りの10年間はそこそこの給料をもらいながら、自分の時間をつくり、その時間や体力、好奇心を自分自身に投資していく**ことです。50代からは、会社ではなく自分自身にリソースを費やすべきです。

資格を取って生涯働くのはよい生き方

理想を言えば、50代のまだ元気なうちに、新たな挑戦として資格を取得しておくのは得策です。「定年のない仕事」を早めに考え、そちらに軸足を置くことが重要なのです。

たとえば、難しくはありますが**税理士**や**宅建**（宅地建物取引士）などの国家資格を取っておければ、定年後の独立も可能です。

ケアマネジャー（介護支援専門員）もひとつの例です。最初に介護職の実務経験を積み、その後試験に合格すればケアマネジャーになれます。これもニーズが高い仕事なので、長く働けます。

また**行政書士**も、これまでの仕事の延長線上で取りやすい資格のひとつです。難しすぎず、実利に結びつく資格と言えるでしょう。

もちろん定年後、時間に余裕ができてから学び始めるのもよいでしょう。

私が教授をしていた大学では、**臨床心理士**の資格を取るために、定年後に大学院に通っている方もいました。

要は、**「肩書がなくなる」という不安にとらわれるよりも、「次にどう生きるか」を前向きに考える**ことが大切なのです。定年後も自分を生かす道はたくさんありますから、今から少しずつ準備しておくと、将来への道がぐんと開けますよ！

■クビにならない士業はクライアントがいる限り続けるのがいい

弁護士や開業医などの自営業は、クライアントがいる限り続けるべき職業です。

弘中惇一郎さんという超売れっ子弁護士をご存じでしょうか。〝無罪請負人〟という異名を取り、79歳になった今でも現役で依頼が絶えない弁護士さんです。ロス疑惑や薬害エイズ事件の弁護など数々の難事件で無罪を勝ち取ってきたことから、世間でも知られる存在になりました。

それほどの実績があれば、年齢に関係なく仕事は舞い込んでくるものです。周囲が「そろそろ引退したら？」なんて気づかうのも野暮な話。クライアントがいる限りは、仕事を続けるのがもっとも賢明な選択です。

とはいえ、仕事を効率的に回す方法は考えるべきです。**ある程度の年齢を超え、管理職**

的な立場になったら、現場のスタッフをうまくマネジメントすることが肝要です。

これは、どんな組織においても言えることですよね。

つまり、全案件を自分一人で抱え込む必要はありません。信頼できるスタッフを雇ったり、育てたりすればよいのです。これが、長く続ける秘訣です。本人に負担がかかり過ぎないことに加え、社会貢献になるというメリットもあります。実際、病院経営においてもそのような形は珍しくありません。


そういえば、こんな相談をいただいたことがあります。

「内科医の父が地方で開業をしています。もう70代も半ばなのですが、やめる気配がまったくない。子どもとしては、もっと休んで、好きなことでもしてほしいなと思うんですけど、仕事が好きだから仕方ないんでしょうか」


これもよくある話ですよね。

士業の難しいところって「仕事が好きで好きで……」という方が一定数いる点です。医者や弁護士なんてとくにそう。「職務だから」というレベルを超えて、「患者さん（クライアントさん）に慕われて、とてもやめられない」と感じている人も多いのです。

そんな方に「もう年も取ったんだから、趣味の世界に入ってゴルフでも楽しめば？」とか、「お金も十分貯めたんだろうから、もう仕事をやめてもいいんじゃない？」などと投げかけるのは愚問です。**仕事を心底好きな人にとって「趣味の世界」「お金」などというワードはまったく刺さらない**からです。

そもそも仕事好きな人は、趣味にお金を使わない方も多い。ゴルフ三昧なんて考えず、仕事を続けることで、かえってお金がどんどん貯まってしまうのです。

けれども、そんな生き方って最高ではないでしょうか。好きなことに一生携われる、しかも報酬もきちんと得られ続けているというのは、やはり幸せなことです。

ですからオファーが続く限り打席に立ち続けるべきなのです。ムリに引退を考えたり、勧めたりする必要はありませんよ。

私だって、オファーが来る限りは仕事を続けるつもりです。高齢になっても打席に立ち続ける限り、ホームランやヒットのチャンスは増えていきますからね。

■打席に立ち続けることが重要

あと20年もすれば、私も80代の半ばになるわけですが、やることは変わらないかもしれません。

医者をしながら本も書いていますが、これはもう半分趣味みたいなものです。老年医療をやっているので、患者さんが減ることもほとんどないですし、文筆活動が少し低調になっても、それは趣味として続けていけばいいだけです。

ほかに趣味といえば、せいぜい美味しいワインを飲んだり、食事を楽しんだりするぐらいですね。

誰かに「和田さん、趣味にシフトしたらどうですか?」なんて言われても、たぶん同じようなペースで仕事を続けているのだと思います。

これは、評論家の**渡部昇一先生**の例を見てもわかります。彼も生涯、言論活動が大好きで、ずっと続けていました。私だって、今やっていることのすべてが楽しいですから、何かもっとおもしろいことが出てこない限り、このままやっていくつもりです。

ちなみに、私は映画も撮らせてもらっていますが、これがまたおもしろいもので、一本当たると、次から次へと仕事が舞い込んでくるのです。私も、高齢者向けの映画で一発当てれば、そこからどんどん映画の仕事が来るんじゃないかと期待しています。

仕事と趣味がごっちゃになっている状態って、ある意味理想的なのです。書くことが好きな人は、売れなくなっても趣味として書き続けることができるし、それが大きなストレスになることはありません。ローンや子育ての心配がなくなった今なら、純文学だって思い切って書けるんです。売れなくても、自分が楽しんでいるならそれでいいじゃないですか。

結局、私たちみたいな自営業の人間は、オファーが来る限りは仕事を続けるものです。売れなくなったら趣味として続けるだけ。それが、仕事を楽しむ人の生き方だと思いますよ。

年をとってからでも挑戦できる 資格リスト

国家資格

「税理士」★★★★★
（勉強時間の目安：3,000時間）


会計のプロとして、税務や会計にまつわる業務を担う税理士。その試験の過去5年間の合格率は16.6〜21.7%（国税庁）で弁護士、公認会計士に次いで難しいとされる。

試験は全11科目の中から、5科目を受験する（一度合格した科目は「合格」が生涯有効）。ただし修士や博士の学位を授与された人、国税従事者は一部の科目が免除される。また、税理士になるには、2年以上の実務経験も必要になる（合格の前後いずれでも可）。

弁護士や公認会計士は、手続きをすれば税理士資格を得ることができる。

「行政書士」★★★★
（勉強時間の目安：800〜1,000時間）


行政書士とは、官公署に提出する書類の作成や手続きの代理人、遺言書や契約書作成、行政不服訴訟手続きの代理人などを行う資格を持つ専門家。学歴や職歴に制限なく誰でも受験でき、資格取得後すぐに独立開業が可能。

実際、登録行政書士の35.6%が60代、70代が19.9%、50代が17.9%。つまり活躍中の行政書士の約半数が60歳以上！　受験者を見ると、50代は11,311人、60代以上は6,063人もいる（令和5年度）。

試験の過去5年間の合格率は11.5〜13.98%を推移（ここまでの数値は（財）行政書士試験研究センター）。

また、国家公務員または地方公務員として行政事務に17年以上（中卒の場合は20年以上）従事した場合、行政書士の資格取得が認められる（特認制度）。

「宅建士」（宅地建物取引士・通称「宅建」）★★★
（勉強時間の目安：200〜400時間）


毎年20万人前後の受験者数を誇る。不動産の売買や賃貸物件のあっせんをする際に、「登記」「不動産の広さ」「飲用水・電気・ガスの供給施設」など契約の根幹に関わる事項の説明をするのが主な仕事。

資格取得の際には民法や借地借家法などの法律を学ぶが、これらの法律は保険や金融などの業界でも利用される。したがって不動産業以外への転職にも大きなアドバンテージとなる。実際、求人サイトには宅建の有資格者を歓迎する案件も多いので、ぜひ探していただきたい。

試験の過去5年間の合格率は13.1〜17.9%を推移（（一財）不動産適正取引推進機構）。

「本人に合格の意欲は希薄だが、現勤務先の意向で受験するケース」もあるので合格率が低くなる一面も。

民間資格

「ケアマネジャー」（介護支援専門員）★★
（勉強時間の目安：100～200時間）


国家資格ではなく、各都道府県が登録・管理する資格。

介護保険サービスの要であるケアプランを作成し、介護を必要とする人とそれを支援する人をつなぐ。

ケアマネジャー試験を受ける前に、「医療福祉系の業務（医師、歯科医師、薬剤師、保健師、看護師、理学療法士、介護福祉士など）」「所定の施設等での相談援助業務（生活相談員、支援相談員、相談支援専門員など）」のいずれかに、5年以上かつ900日以上従事する必要がある。

2024年の試験の合格率は急上昇し30%を超えた。

「臨床心理士」★★★
（勉強時間の目安：180～360時間）


臨床心理学にもとづく知識や技術を用いて、人間のこころの問題にアプローチする専門家。資格は日本臨床心理士資格認定協会が認定する。

よく似ている資格に「公認心理師」がある（文科省と厚労省が管轄する国家資格）。

いずれも5領域（保健医療・教育・産業・福祉・司法）という複雑な領域にまたがって働ける資格である。ただし、すぐに試験を受けられるわけではない。

「臨床心理士」の場合、日本臨床心理士資格認定協会が認可する「指定大学院または専門職大学院」を修了していることが条件だ（下図参照）。

一方、「公認心理師」の場合、それに関するカリキュラムが設定されている4年制大学で必要な科目を履修し、その後、同じく公認心理師に関するカリキュラムがある大学院で2年間学ぶか、あるいは法の規定する認定施設で2年間実務に就くことが条件となる。

また「臨床心理士」は5年ごとに資格の再認定を受けるという生涯学習が求められている。

知識や技能を人々の福祉増進のために用いるよう、社会的責任を自覚できる方に推奨する。

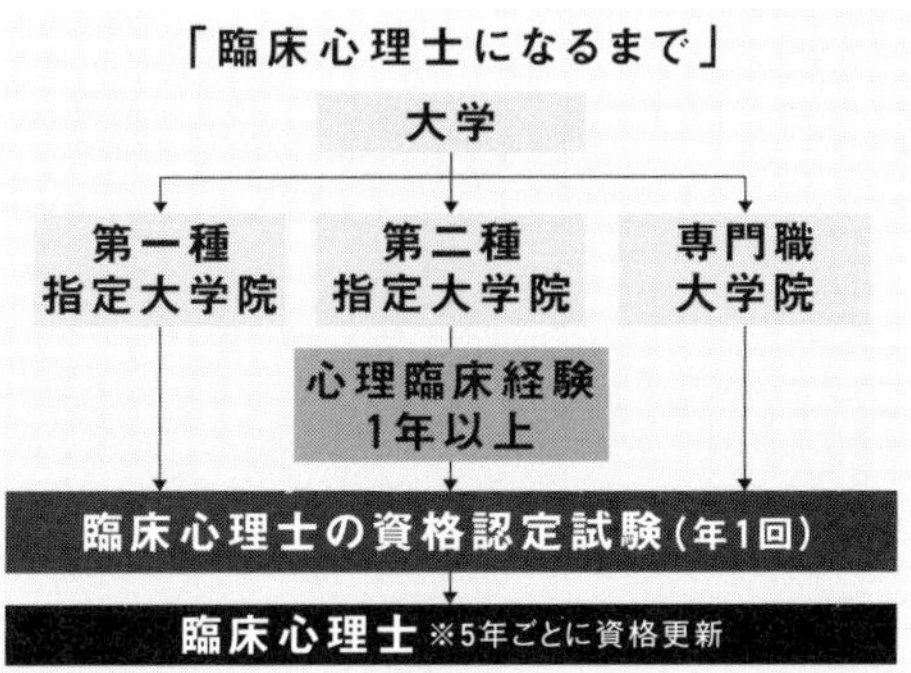

【出典】WEB「スタディサプリ 進路」（https://shingakunet.com/bunnya/w0034/x0398/）より

【出典】

5つ星評価、勉強の所要時間などについては「アガルート」「資格の学校TAC」「BrushUP学び」「ユーキャン」「LEC東京リーガルマインド」など資格情報関連のサイトも参考にした。

今の60代は、再就職先に苦労しない

これまで「再雇用」や「資格」の話をしてきましたが、じつは、60代は「再就職」という面でも、まだまだ仕事を選べる時代なのです。

あなたは、井の中の蛙になっていませんか？　広い世界を見て、再就職の可能性をもっと広げてみましょう。

今の60代は、とにかく**人手不足のおかげで仕事を選べる立場にある**のです。収入を気にしなければ、選択肢は広がるばかりです。

60代からの再就職を考えるうえで、まず重要なのは**「お金を取るか、ストレスフリーを取るか」**です。「もうそこまでお金はいらないな」という場合は、煩わしい人間関係のない仕事を選ぶこともできます。年収100万～200万円の新天地で働くほうが、よい人生になるかもしれません。

稼働は週に2～3日でも、1日3～4時間の勤務でも大丈夫。ゴリゴリの肉体労働が苦手でも、勤務日数や勤務時間を少なくして働く方法はいくらでもあります。今までのように平日全部が仕事で埋まるわけではないのですよ。

もちろん収入は現役時代より減りますが、年金と合わせれば生活に困ることはないでしょう。そしてなにより、現役時代のような複雑な人間関係に悩まされることもありません。上司からの評価を気にする必要もなく、部下の指導に悩むこともありません。

決められた時間を坦々と勤め上げて、仕事が終わればすぐに自分の時間に戻れます。煩わしい人間関係が減って、ストレスフリーな日々が待っています。

だから、定年を迎える前に、できるだけ早く次のキャリアを考えるのがベストです。60代の再就職は、思っている以上に道が開けています。**「再雇用」に固執する必要はない**のです。むしろ、広い視野を持って、自分に合った働き方を見つけることが、これからの幸福な生活につながります。

■ハローワークよりも、高齢者向け転職サイト

こんな質問をいただいたことがあります。

「再就職先を探すときって、ハローワークに行くべきなんですか？」

高齢者の求人探しに役立つ3サイト

マイナビミドルシニア　https://mynavi-ms.jp/
（対象：40〜60代）

■大手運営の強みを生かし、多様な雇用形態をカバー

希望の勤務地、職種、給与にマッチしたパート・アルバイト、正社員、派遣、契約社員の仕事を幅広く探せる。

「人気のマンション管理」「シニアも積極採用の飲食関連」など見やすくまとめられている。

シニアジョブ　https://seniorjob.jp/
（対象：50歳以上）

■経験者、有資格者向けの求人が多い

経験不問の求人に加え、有資格者（経験者）向けの求人が目立つ。「ブランクOK」をうたう求人が多いのも嬉しい。たとえば「看護師」「保育士」「薬剤師」「歯科衛生士」「管理栄養士」「理学療法士」「医療事務」など。

はた楽求人ナビ　https://hatarakujob.com/
（対象：40〜60代）

■労働条件が比較的やさしい求人が多い

「長く、無理なく、働ける」がテーマの求人情報サイト。「適性から探す」という検索条件が使いやすい（人と接する仕事、人と関わらない仕事、座ってできる仕事、からだを動かす仕事、稼げる仕事）。

たしかにハローワークでの求人も有効でしょうが、オンラインでの仕事探しもお勧めします。シニア向けの転職サイトの例を挙げておきましょう。詳しくは上のリストを見てください。

50代のうちから「辞めたら何をやろうかな」と、軽い気持ちでこのようなサイトを眺めておくのがいちばんいいのではないでしょうか。意外とおもしろい求人が見つかるかもしれません。

仕事探しは計画的に、そしてちょっと軽い気持ちで眺めておくのがポイントです。

■たかが職探しくらいで悲観するな

ここでは、採用担当者に向けたアピールで意識すべきポイントを、二つに分けてお伝えします。いずれにせよ重要なのは「自分の体力やスキルに自信を持ち、需要がある場所を見つけ出すこと」「相手が求める人材に近づく努力」です。あなたを必要としている企業は、必ずあります。

【特定のスキルや経験をアピールする場合】

新興企業や特定の分野では「完成した人」や「卓越したベテラン」「一流のスペシャリスト」を求めている場合があります。雇用者側は、ノウハウが欲しいのです。ですから自慢に聞こえないよう「このような経験があるから、こんな貢献ができる」と提供できるスキルや能力を端的に伝えることが肝心です。

面接に臨む前に、**自分の強みを具体的に言語化**しておきましょう。

【総合的、一般的な能力をアピールする場合】

雇用者側が求めるのは「コストパフォーマンスがよく、使いやすい人材」です。**「使い**

にくそう」と思われないことが重要です。

肝心なのは、謙虚な姿勢や柔軟さです。偉そうな態度や、「俺の経験を見せてやる」という押し付けは逆効果。面接では、雇用主側の言葉に耳を傾け、素直に対応し、フットワークの軽さをアピールしましょう。

「誰もが一緒に働きやすそうな人」と思わせることが、採用のカギです。

これから仕事を探す方に向けて、少し注意を喚起しておきます。

さまざまな業界で人手不足が叫ばれる昨今、年金を受け取る年齢に達しても元気で、体力・知力ともに現役並みという人がたくさんいる60代は、労働市場で求められていないわけでは決してありません。

大切なのは**雇用市場における「需給バランス」をしっかり把握しておくこと**です。需給というと難解な経済の話みたいに思えますが、じつは簡単な話。

相手が人手不足のタイミングなら採用されるチャンスはおのずと増えるし、人が余っている時期だと採用されにくくなる。それだけのことです。

需給バランスを理解しておくと「なかなか採用されないのは自分のせいだ」などと思い詰めずに済みます。職探しで余計なストレスを自分にかけてしまっては、本末転倒ですよね。〝たかが職探し〟くらいに捉えていいんです。

とはいえ物事を悲観的にしか捉えられないという人は、しっかり休んで太陽の光を意識的に浴びましょう。セロトニンが増えて気分が明るくなります。

それでも回復しなければ男性ホルモン（テストステロン）の補充療法をお勧めします。血液検査でテストステロン値を測ってから、注射でテストステロンを補うという治療法です。「泌尿器科　男性ホルモン補充療法」で検索してみてください。

それでも気分の落ち込みが直らない場合は、心療内科へどうぞ。

高齢者の強みを生かした仕事の見つけ方

「ベテラン枠やスペシャリスト枠で、転職できることなんてあるの？」

こんな声もよくいただくので、詳しくお話ししておきますね。

60代前後のビジネスパーソンの場合、実務経験が豊富なのですから、それを生かせば素晴らしい新天地への転職も夢ではありません。たとえば一流企業や優良ベンチャー企業に、エキスパートとして潜り込めるかもしれません。じつは**意外な優良企業で中途社員の採用活動が行われている**のです。

たとえば、**テレビ局**です。よく知られているように、テレビ局に新卒時に正社員として入社するのは至難のワザです。一流大学を出たエリートたちがしのぎを削る過酷な〝椅子取りゲーム〟ですから、ラクダが針の穴を通るほうが易しいかもしれません。

ですが、中途入社となると話は別。欠員補充や業務拡大のため、**経理部などいわばバックヤード的な部門**では、中途採用がよく行われています。「ハイクラス転職」などのキーワードで、ネット検索をしてみてください。

もちろん、そのような形で中途入社した場合、番組制作の部署への異動はないと捉えておきましょう。経理部から、たとえばバラエティ番組を担当するディレクターへ異動する可能性はゼロに近いです。

テレビ局の給与水準は高いです。経理部だけ低いということはありませんから、高額報酬を求めたい方は満足できるはずです。

また**IT系などのベンチャー企業**も、高報酬で管理職クラスの即戦力を求めていることが珍しくありません。やはり経理や法務などの管理部門でエキスパートを探している会社が多いので、ぜひ探してみてください。このようにキャリアを武器に優良企業に潜り込む〝攻めの転職ルート〟もあります。あなたのスキルや実績を前面に押し出して、元気よく売り込みましょう。

〝ひとりシニア起業〟が成功しやすくなっている理由

「ひとりで起業なんて大変でしょう？」

そんな心配をされる方も多いはず。じつは**未知の異業種で事業を興すとしても、サラリーマン経験が意外に役立つ場面が多い**のです。

たとえば、営業をかけてものを売る力、相手を説得する力、スマートに交渉する力、プレゼンする力、はたまたバランスシートを読む力……。

きっとあなたにも、すでにたくさんの強みが備わっています。だから、今までの自分の能力を〝棚卸し〟して、それを生かしていくのがポイントです。

起業といえば若い人のものというイメージがあるかもしれません。ただ、若い世代が勢いで起業をしても、成功するのはごく一部。実際、飲食店なんて一年ももたずに潰れてしまうことが多いものです。

事業が継続できない理由は、リスク管理能力が関係しているように思います。経験が少ないから、ネガティブな方向の予想を立てられないのでしょう。

一方、50代を超えるとさまざまな経験を積んでいますから、リスク回避もうまくなっています。「こんな展開になったらクレームがくるな」「ああなったら在庫を抱える羽目になる」「このままいくと売上が立たなくなる」……。

若い世代には見えないことも、手に取るように読めてしまうわけです。そして対策も立てられる。そういった**勘やリスク管理の能力が、60代の強み**なのです。

ただひとつだけ気をつけてほしいことがあります。「共同経営」です。

仲間と一緒に起業することは、あまりお勧めしません（もしかすると、あなたが声をかけられる側になるかもしれません）。

私は東大に在学中、仲間たちと塾を立ち上げました。しかし「儲かるようになった途端に追い出された」という苦い経験があります。ですから、安易に共同経営を選ぶのはお勧めしません。

「最初は元手がいるから、頭数は多いほうが……」という声も聞こえてきそうですが、ちょっと待ってください。信頼できる生身のビジネスパートナーを探すのは至難のワザです。

また、最初はどんなにいい人でも、お金が絡むとどうなるかわかりません。

そこで注目してほしいのが、ＡＩの活用です。

たとえば医学の世界でも、すでにＡＩが検査データを解析し、診断を下すという場面が増えています。もちろん、患者さんに安心感を与えるのは人間の仕事ですが、ＡＩがやるべきことを効率的に処理してくれることで、私たちは本来の役割に専念できます。

つまりＡＩが代替できない領域、社交性やコミュニケーション能力がますます重要になるでしょう。わかりやすい例としては〝泣き落とし営業〟などが挙げられます（笑）。

ひとり起業のハードルはすでにグッと下がっています。**今までなら複数人必要だった仕事も、ＡＩを使えばひとりでこなせる**ようになっています。その利便性は、今後いっそう加速します。ひとりでも十分に成功できる時代が、すぐそこに来ています。

3章

和田式！「ハローワーク」「起業アイデア」

〝本当の自分〟が楽しいと感じる仕事をしよう

ここまでの話で〝第二の人生〟の選択肢は意外と広げられそうだと感じていただけたのではないでしょうか。

「定年延長や再雇用以外の選択肢もおもしろいかもな」

もしそう思えたら、しめたもの。〝本当の自己〟の声にもっと耳を傾けていきましょう。この3章では、さらに自由で楽しい具体的なご提案をさせていただきますね。

いちばん重要なことは**「好きな仕事」に目を向ける**ことです。ただしこの場合、報酬は低くなりがちです。

報酬面で妥協できれば、けっこうおもしろい仕事に就けるものです。その点、そもそも生活費のベースがある年金受給世代は、かなり有利な立場です。子育ても終え、ローンも完済。税金もたくさん納めましたね。

経済的な心配とは無縁で好きな仕事に没頭できるこれからの時期は、まさに黄金期、収穫期、**〝人生のご褒美タイム〟**です。

家庭にも勤め先にも社会にも、義務はすでに果たしたわけですから後ろめたくはないでしょう。「目立たず慎ましく」と忖度する必要もありません。

やりたいことに制限をかけるなんて、もったいない！　これからの第二の人生こそ、本当の意味での自分の人生なのですから。


誰かに遠慮したり、世間の目を気にしたりしてはうまくいきません。そんな姿勢を改めなければ、〝偽りの自己〟でずっと生き続けることになります。

偽りの自己から本当の自己へ自分を変える能力は、男性のほうが女性よりも低いようです。ですからずっとやってみたかったことや、興味を持っていることがもしあるなら、ぜひ思い切って挑戦してみましょう。

「人間きがよさそうな職業」「世間体のよい職種」にとらわれては絶対に駄目です。

たとえば若者文化の象徴といえるYouTubeの世界でも、数多くのシニアが活躍していますよね。

あらゆるジャンルにいろいろな可能性が広がっているのですから、もしやってみたいと少しでも思うのなら、実行するのみ。「もう年だから」などと言って二の足を踏んだり、あきらめたりしないでください。

■メディアの喧伝をうのみにしない

文章を書くのが好きなら、ブログやSNSで作品を公開してみる。楽器が好きなら、演奏を録画してYouTubeで発信してみる。アンティークコインや古切手に興味があるなら、それがビジネスにならないか考えてみる。古本屋の雰囲気が好きなら、古物商許可を取り、自宅の一部を店舗にして開業してみる。ビジネス英語が得意なら輸入販売で起業してみる……。

百人百様の道が広がるはずです。

たとえば私の親戚に、東大出の元エリートサラリーマンがいます。彼は60代からオーガニックワインの輸入商を始め、今は70歳。バンバン儲かっているわけでもなさそうですが、いつも楽しそうです。

結果はともあれ、**最終的に大切なのは「自分がその選択に満足をしているか」（自己決定をしているか）、そして「自分がそれを楽しんでいるか」**です。

昨今のメディアの発信を見ていると、60代以降＝「健康」「老後のお金」「介護」という三大トピックスに集約される気がしてなりません。

でも本当に優先すべきは「何をして楽しく生きていくか」です。

これについては誰も誘導してはくれませんから、自分の頭で考え、試行錯誤を重ねていきましょう。

「テレビのキャスターが言っているとおり、２０００万円以上貯蓄がなければ老後破産してしまう」「自分は何もできないから会社にしがみつくしかない」

そんな焦りだけで定年延長を嫌々続けるなんて、もはやナンセンスです。

「もっとお金がいる」「自分には稼ぐ力がない」、そんな思い込みをまず手放しましょう。

そして**若い頃稼げないからとあきらめた好きな仕事や憧れの業界に挑戦することは、現実的な選択肢**だと捉え直してみませんか。

高齢者の「好き」を生かせる仕事

1 ライター

ライターの仕事は、書くことが好きな人にとってひとつの面白い選択肢です。フリーランスでライターとして活動を始めれば、新しいチャンスが広がります。

僕を担当してくれた編集者さんたちのなかにも、定年後にフリーライターに転身し、才能とキャリアを生かして年収を爆増させている方は少なくありません。

あるいは定年延長の傍ら、副業でライティングの仕事を請け負い、現役時代より稼いでいる方も多いです。つまり出版業界で働いていた経験があるからこそ、取材や執筆、編集のスキルを生かして定年後も活躍されているわけです。

このように、正規雇用から非正規雇用の形態に変わっても、より稼げている例は、他業種でも存在するでしょう。**本人に実力さえあれば、どんな働き方（立場）でも稼げる**好例です。

ライターとして活動をするメリットを挙げてみましょう。

ライター業の魅力の一つ目は、**締切さえ守れば自分のペースで進められる**点です。

実際、私自身も東大生の頃、「学生」「家庭教師」「ライター」という三足のわらじを履いていました。午前中は医学部の臨床実習に出て、午後1～5時頃まで小学館や集英社でアルバイト（キャンパス関係の取材→原稿作成→入稿作業）。そして、家庭教師がなければ夕方から翌朝まで飲みに行く。そんな生活を送っていました。

そんなハードな生活を続けられたのは、**取材記者の仕事がおもしろかった**ことが大きいでしょう。たとえ「朝9時～夕方5時」の定年延長組の方でも書くことが好きなら、ライター業は長く続けられるはずです。

ライター業の魅力の二つ目は**「好きなこと」「得意なこと」を生かしやすい**点です。

ウェブコンテンツ、雑誌、書籍など、ライティングのジャンルは多岐にわたりますが、自分が得意な分野を選んで書ける自由さがあります。

これまでのキャリアを生かしつつ、自分が好きなことについて調べたり、書いたりできるなんて最高でしょう。

ライター業の魅力の三つ目は、**広く社会とつながりやすい**点です。

自分の書いたものを発表すると、読み手との接点が多かれ少なかれ生まれます。そこから反応が返ってくれば、大きな充実感が得られるものです。またそこから同好の士とつながれたり、仲間の輪が広がったり、新規の仕事が舞い込んできたりする可能性もあります。ですから、定年後にやりたいことが見つからない方には、「まず書くことを始めてみませんか？」とお伝えしたいです。

では具体的に、いったいどうすれば書く仕事を始められるのか。

ライター業なら、**「仕事の受発注」を行うマッチングサイト**をのぞいてみましょう。

近年、フリーランス人口の増加により、企業と個人をオンラインでつなぐマッチングサイトが人気を博しています。「こんな条件の業務がありますが、どうですか？」という企業側からの発注に、個人が手を挙げ受注する。そんな流れが増えているのです。

そこで公開されている案件はライティングのジャンルに限っても、多種多様です。眺めていると、ピンとくるものがあるかもしれません。

とくにシニア世代なら、これまでの長年の仕事経験や趣味、旅行や健康、教育など、なにかしら得意分野、好きな分野があるはず。自分の強みを生かすつもりで、募集されている案件に応募してみてはいかがでしょう。

フリーランスのマッチングサイト比較

■クラウドワークス
https://crowdworks.jp/

■ランサーズ
https://www.lancers.jp

サイトに掲載されている求人情報から自分のスキルや希望条件に合った仕事を探して応募できる。

仕事内容は「事務・データ入力」「営業」「広報」「記事執筆・編集」「通訳・翻訳」「経理・会計」「システム開発」「Webデザイン」「ロゴ・イラスト作成」「動画作成・編集」などがある。

2つのサービスに共通する注意点は「仕事を発注する企業向けのサイト」ではなく、「案件を受注するワーカー向けのサイト」を見ること。ここを間違えると混乱する。

案件数が多いのはクラウドワークス。ただしサポートの充実度はランサーズに軍配が上がる。報酬が明らかに低過ぎる案件や、納期が短過ぎるなどの案件をユーザーがランサーズに通報できる「依頼内容アドバイス機能」、税務やスキルアップなどを支援する「フリーランストータルサポート」など、「仕組みがより充実している」という声が多い。

手数料はランサーズが一律16.5%。一方クラウドワークスは、「報酬額が20万円超→5%」から「報酬額が10万円以下→20%」まで異なる。

【報酬相場の例　※クラウドワークス】
「設備工事業の業者のサイト用の文章の校正（約3000文字）。◎月◎日まで。予算は～5000円で要相談。校正、ライティング経験者歓迎、優遇」「シニア向けパーソナルジムのサイトのランディングページ（LP）制作。wix、jimdo、ペライチなどで。資料を渡してから約1か月納期で15000円」「専任宅建士募集。主婦、シニア大歓迎。都内の事務所に通える方。Zoomが使えれば完全リモートOK。月20万円～」

たとえば「クラウドワークス」や「ランサーズ」などのプラットフォームに登録し、自身のプロファイルを充実させれば、クライアントからの依頼を受けるチャンスが広がります。最初は小さなプロジェクトから始め、少しずつ実績を積んでいくことで、ライターとしてのキャリアを築いていけるでしょう。

■第二の人生だからこそ、作家を目指す

さらに言うと、**小説家としてのキャリアも定年後の道としては悪くありません。**

皆さんのなかには「若いころは作家を目指していた」という方もいらっしゃるのではないでしょうか。家族を養うために夢を捨てて就職した60代以上の世代には、そんな方も多

いはずです。

でも、あなたはこれから〝本当の人生〟を歩むのです。これまでの人生で手放さざるをえなかった夢を、再び追いかけてもよいのではないでしょうか。なんてったって「たとえ売れなくても肩身が狭くない」のですから。

実際、今の日本では多くの作家さんが昔ほどは売れなくなっています。YouTubeをはじめ本以外のコンテンツが（よくも悪くも）溢れていますから、ある意味仕方がありませんよね。

具体的な数字で言うと、「初版3000部」なんてことも当たり前になっています。

ここで原稿料について、試算してみましょう。

日本の出版業界では、価格の1割が著者に印税として入るのが通例です。

たとえば1冊1500円（税別）の小説が3000冊売れたとしましょう。1冊売れるごとに150円が作家さんに入りますが、3000冊売れた場合で実入りは45万円。1桁増えて3万冊売れた場合で、やっと450万円（実売3万部の作家さんは、稀有な存在です）。

つまり**作家専業で家族を養っていこうとすると、そもそもかなり困難**です。どんな流行作家さんでも、毎年必ずコンスタントに3万部売れるなんて保証はありませんからね。

でも、あなたの場合は置かれた状況が違います。もしローンや子育てが終わっていれば、がっつり稼がなくても生活にはほぼ困らないわけですから、「売れる」「売れない」など考えなくてもよいわけです。

そんな〝安全圏〟で、気の赴くままに好きな分野の作品をコツコツ書き続けているうちに、突然ヒットが生まれるかもしれません。**バッターボックスに立ち続けていると、時折「まぐれ」や「幸運」がやってくることがある**んです。それこそコンテンツ産業に携わる醍醐味です。

逆に言うと、登板しないことには何も起こりません。

「自分の作品は、まだ粗削りだ」「稚拙だ」「未熟だ」……。たとえそうとしか思えなくてもいいんです。構想ばかりにかまけず、**とにかく手を動かして実際に書いて**、世に問わなければ何も始まりません。

ですから書きたいものを書きましょう。

職業作家さんの場合は、売れ筋を意識したり、出版社の要望にある程度応えなければなりませんが、あなたの場合はそうではないはず。書きたくて書いているのですから、ビジネス的な要素を斟酌《しんしゃく》する必要などありません。自分のペースで、自分の好みで書き続ければよいのです。

ライターにせよ作家にせよ、書き続けるという営みは、年齢を重ねたからこそ許される特権なのかもしれません。仕事と趣味の境界が曖昧になるわけですが、それはある意味〝最高の贅沢〟でしょう。

では具体的に、いったいどうすれば作家になれるのでしょうか。

まずはエッセイや短編小説などを書き上げましょう。

そして**コンクールやコンテストに出す**のです。あるいは**ブログやウェブサイトを立ち上げ、自分の文章を公開していく**道も有効です。はたまたｎｏｔｅ（https://note.com/）などに投稿するのもよいでしょう。ｎｏｔｅは課金もできます。

あなたのブログやＳＮＳのフォロワーさんの数が増えれば、編集者の目に留まりやすくなり、出版の声もかかりやすくなります。

2 助監督

「趣味は映画です！」という方、多いですよね。そんな方には、定年後に映画の現場で手伝いの仕事を始めることをお勧めします。とくに、昔から映画が好きだった方にとっては好きなことを仕事にできる絶好の機会です。

具体的には「助監督」や「製作進行」を推奨します。

「助監督」の仕事は、若い人たちに人気がありません。早朝6時から夜8時まで、ぶっ通しで働くこともざらですからね。だから、シニア世代が貴重な戦力として活躍できる場面も多いんです。

「助監督」は**小道具の準備**など、地味ながら映画制作には欠かせない役割を担います。そうした仕事を通して、映画全体の流れに関わることができる楽しさがあります。「製作進行」は**「人止め」**などの現場の準備をやることが多いです。

じつは私、映画監督として5作以上の作品を世に送り出しています。

その経験上思うのですが、**若い人たちはこの手の泥臭い仕事をあまりやりたがらないん**ですよね。だからこそ、シニア世代がチャンスを摑める場なのです。

業界の内情をお話しすると、映画業界も高齢化が進んでいます。

60代どころか70代の監督やカメラマンが普通に活躍しています。だからシニア世代の方が現場で手伝っていても、まったく違和感がありません。経験豊富な世代が現場を支えることで、制作がむしろスムーズに進むこともあります。

「ちょっと待って。なぜ和田先生が監督として映画を撮るようになったの？」

不思議に思う方もいらっしゃるでしょうから、そこからお話ししておきましょう。

答えは非常にシンプルで、映画が大好きだったからです。高校時代に映画と出合ってから、映画監督を目標にして生きてきました。

映画製作費を効率的に稼ぐために医師を志した、と言ってもよいくらいです（笑）。

大学時代は週6回家庭教師のアルバイトをして、その資金をもとに16ミリ映画を撮ろうとしていました。

驚かれるかもしれませんが、その頃から今に続く学習塾や通信教育の基礎を立ち上げていました。ほかにもビジネスチャンスはゴロゴロありました。

でも教育産業を本職でやるつもりはなかったですね。それらはあくまでも映画監督になる資金づくりのため。それほど映画に惚れ込んでいました。

そしていよいよ大学6年になった頃。このまま資金を貯めても、今は映画を撮れそうにないと判断し「それなら医者になろう」と決意したのです。

それほど粘り強く、夢を追ってきました。あなたももし映画がお好きなら、定年後にその情熱を生かさない手はありません。

■デビュー作で映画賞4冠達成

ついでに、過去の作品についても紹介させてください。

私は2008年公開の『**受験のシンデレラ**』で映画監督デビューしました。この作品は第5回モナコ国際映画祭で最優秀作品賞をはじめ、4冠に輝いたのです。のちにNHKでリメイクまでされています。

そして2012年公開の『**「わたし」の人生《みち》 我が命のタンゴ**』では、実話をもとに認知症介護と介護離職をテーマに描きました。認知症を患った父と、人生の選択に戸惑う娘を描いた作品で、**秋吉久美子さん**や**橋爪功さん**ら豪華キャストに出演していただきました。

さらに2014年には『**銀座並木通り クラブアンダルシア**』を監督しました。原作・脚本は**倉科遼さん**で、**松方弘樹さん**演じる銀座の高級クラブ支配人が主人公の大人のヒューマンドラマです。

それだけではありません。2018年には『**私は絶対許さない**』という性犯罪被害者の手記をもとにした作品を公開しました。大きな反響を呼んだ作品です。

2019年には『**東京ワイン会ピープル**』が公開されました。趣味のワインが仕事に昇華した一例です（笑）。**「乃木坂46」の松村沙友理さん**の映画初主演作となりました。これらの作品はAmazonのプライムビデオやU-NEXTなどで今も配信されていますので、ぜひご視聴ください。

さて、あなたの夢はなんでしょうか。どんな夢にせよそれを叶えようと思ったら、夢に近いところに身を置くなど、とにかく行動を起こすべきなのです。

■助監督になるには？

やや脱線してしまいました。

さて、そもそも助監督とは、具体的にどんな仕事なのでしょうか。

助監督の仕事は、映画制作のさまざまなプロセスのなかで、おもに撮影期間中、スムーズに現場が進行するよう段取りを整えることです。

たとえば撮影スケジュールを組んだり、エキストラに演技指導をしたり、関係者と連携して進行を管理するのが役割です。キャリアとしても、助監督を経て映画監督にステップアップするケースが多いので、映画の世界に一歩踏み出したいシニアにとっては、まさに〝夢を追いかける〟仕事です。

助監督には、チーフ助監督、セカンド助監督、サード助監督……といった序列があります。

チーフ助監督は、撮影スケジュールの作成や出演者の状況把握など、全体を調整する役割。セカンド助監督はエキストラをまとめたり、衣装の準備などを担当します。サード助監督は、カチンコを打ってシーンやカットを管理したり、小道具を用意したり、編集がスムーズに進むようにする裏方のプロフェッショナルです。

チーム全体を支えるこれらの役割は、いずれも監督を補佐しつつ、現場の動きをスムーズにするための重要な役割を果たしています。

助監督になるための資格などはありません。資格があれば簡単になれるわけではない点に、映画の現場独特の難しさがあると言えますね。

ただ、一度潜り込んでしまえば、なんとかなります（笑）。

ぶっちゃけて申しますと、報酬は決して高くはありません。サード助監督なら**日当ベースで1万2000円程度。また年間を通して稼働できるような安定した仕事でもありません**（今は人手不足なので仕事が切れないくらいくるようですが）。

でもそのぶん、現場の活気を感じられたり役者とコミュニケーションができたり、映画の醍醐味を感じられるのは大きな魅力でしょう。

映画の現場は、やるべきタスクが非常に多く、**優秀な助監督は常に不足**しています。だからこそ報酬面で妥協できれば、映画好きのシニアにとっては潜り込みやすく、非常におもしろい仕事なのです。〝ライスワーク〟では味わえないやりがいを感じられるでしょう。

■自分の能力の〝棚卸し〟をしておく

助監督になりたいからといって、今から映画学校に通う必要などありません。むしろ、これまで培ってきたキャリアやスキルを生かして映画制作に挑戦するほうが現実的です。

具体的には、**ネット上で求人を探す**、あるいは**映画制作会社やエージェントに登録する**のもひとつの方法です。プロジェクトごとにスタッフを募集しているエージェントでは、シニア世代でも適した案件に参加できる可能性があります。

とくに、助監督の募集が多いインディペンデント映画や地方の映像制作プロジェクトに目を向けるとよいでしょう。**あなたの経験やスキルが、映画制作の現場で大いに役立つこ**

とが期待できます。

たとえば企業でのマネジメント経験がある方は、映画の制作スケジュールやスタッフの調整、さらには予算管理や交渉といった部分で力を発揮できます。

営業マンとしての経験がある方なら、制作費用の調達やスポンサーシップの獲得において、監督やプロデューサーにとって頼れる存在になるでしょう。

ＩＴやデジタル技術に詳しければ、映像編集やデジタル技術のサポートができるかもしれません。

ネット検索をすれば、こうした映画制作の案件やエージェント情報にアクセスできます。これまでのキャリアを生かしながら、シニアならではの落ち着きやマネジメント力を武器に、映画制作の現場で新しいキャリアを築いてみてはいかがでしょうか。

3 コンサート会場スタッフ

音楽を好きな方も多いですよね。昭和の懐メロにひたるのが楽しみだったり、特定の歌手やグループの〝推し活〟をしている方もいらっしゃるでしょう。

そんな方にお勧めしたいのが「コンサートの現場を手伝う仕事」です。

これが、音楽好きな方にとっては楽しみながらお金を稼ぐことができる、まるで夢のような仕事なんです。

もちろん、仕事ですから客席でのんびりと演奏を堪能できるわけではないですよ。でも運がよければ、会場の興奮を肌で感じながらアーティストの生のパフォーマンスに触れることができるかもしれません。音楽好きな方にとっては、**現場でその雰囲気に触れること自体がワクワクする貴重な体験**になるはずです。

また仕事内容や配置先によっては、テレビで見かける芸能人をリアルに見かけることがあるかもしれません。そう思うとモチベーションも上がりますよね。

勤務中も、仕事とはいえ疲れを感じにくいはずです。

ではいったい、どうやって仕事を探すのかというと、基本的に求人サイト経由になります。**「コンサートスタッフ　募集」などの単語で検索すると、膨大な数のサイトがヒット**します。

働き方としては「アルバイト・パート」「単発」が圧倒的に多いですが、なかには「正社員」の求人情報もあります。

さまざまなサイトを見ていると、非常に興味深く、時間がたつのも忘れそうです。

「コンサートの関係者入口スタッフ募集」

「国民的アーティストのコンサートの運営スタッフ」

「日本武道館でのライブスタッフ募集」

「あの有名演歌歌手コンサートの物販！　単発！」

「超短期、1日のみ！　紅白出場歌手のコンサートスタッフ大募集」

出演アーティストの名前まではわからない案件がほとんどですが、それもまたワクワクするではありませんか。

具体的な仕事内容は**機材の運搬や会場設営、チケットのもぎり、会場整理、出演者の誘導、イベント終了後の資材の撤去**など多岐にわたります。
どのポジションにしても、スキルや資格はとくに必要ありません。むしろ**大事なのは「やる気」と「人柄」**です。

とはいえ、コンサートスタッフの仕事は決してラクではありません。

真夏の炎天下や真冬の厳しい寒さのなか、長時間立ちっぱなしで働くこともあります。

体調管理は非常に重要です。でも、短期間で集中して稼げる働き方としては、十分な魅力があります。

長年培った体力や忍耐力を生かして好きなことに関われるわけですから、シニア世代にとって、おもしろい仕事そのものです。

■シニアでも採用されやすい理由

気をつけていただきたいのは、面接時です。

志望動機を聞かれたとき、「コンサートの裏側を見たいから」「あわよくばアーティストに会えるかもしれないから」と本音をダダ漏れにしてしまっては、興味本位かと受け取られかねません。

それよりもむしろ「大勢でひとつのものをつくり上げる楽しさに惹かれるから」などとアピールするのが得策です。

また「こんなに年を取っているけど、本当に採用してくれるだろうか」などと悩まないことです。

今の時代、若い人たちはきつくて、しんどい仕事を敬遠する傾向があります。だからこそ**需給の関係で、シニアでも採用されやすい**わけです。臆せずにチャレンジしてみましょう。

4 ユーチューバー

「定年後、何をしよう?」と迷っている方には、YouTubeを利用して、好きなことを発信してみるのもお勧めです。**話すのが得意な人にはピッタリ**かもしれません。

実際に、発信を続けていると誰かの目に留まり、それが新たな仕事につながることもあります。私自身、YouTubeで動画を発信し続けているからこそ、執筆やメディア出演、講演などのオファーが途切れないのだろうと感じています。

「精神科医の和田先生から見て、YouTubeのよいところってなんですか?」とよく聞かれます。私は次の三つに集約できると見ています。


一つ目に挙げられるメリットは、**初期投資が不要**な点です。

スマホさえあれば動画は撮影できますから、初期投資はゼロでOK。

高価な機材やプロの手を借りなくても、自分のペースで自由に発信できます。スタジオを手配したり、特別にお金をかけて何かを用意したりする必要もありません。

二つ目に挙げられるメリットは、**発信に対する反響がわかりやすい**点です。

誰かに見てもらえている実感が得られるのは、大きな喜びです。

「この動画、すごく参考になりました！」なんてコメントがつけば、やりがいを感じられるはずです。

三つ目に挙げられるメリットは、なんといっても**自分の好きなことを発信できる**点です。

自分が好きなテーマについて話したり撮影したりするだけですから、心理的なハードルなんてゼロ。アカウントさえ開設すれば、限りない自由が広がっています。

映画ファンならレビューを語ればいいですし、料理が得意なら調理の過程を公開するもよし。釣りが趣味の方なら、その様子を発信するのも楽しいでしょう。一つのテーマに飽きたら、違うテーマに変えてもいい。好きにしていいのです。

「実際どのくらいの収入になるの？」

そんな疑問もあるでしょう。これがまたおもしろいところで、最初は無料で発信していても、続けていると有料に移行できることがあります。

「メンバーシップ」というシステムを使えば課金も可能ですし、チャンネル登録者数が増えれば広告収入を得られるかもしれません。

たとえ直接的な収入にはつながらなくても、発信した内容が誰かの目に留まり、それが新たなビジネスチャンスにつながることだってあるものです。実際、編集者がYouTubeの発信を見て商業出版をオファーするケースは近年激増しています。

5 タクシードライバー

定年後、「タクシードライバー」として働くのもよい選択です。

とくに運転が好きな方にはピッタリ。タクシーを運転すること自体が、仕事でも移動手段でもなく、日々の楽しみになるかもしれません。実際、**「運転好きな自分にとって、これほど楽しい仕事はない」**と感じておられるドライバーさんは多いものです。

それにタクシードライバーは、**思っている以上に稼げる仕事**でもあります。仕事の成果は、お客さんを乗せたぶんだけ報酬に直結します。

ダブルワークを認めてくれるタクシー会社も珍しくありません。ですからほかの仕事との掛け持ちも可能。第二の人生も、十分に収入を得ることができるのです。

ときにはちょっと厄介なお客さんに当たることがあるかもしれません。

でも、それは確率の問題です。嫌なことがあっても早く忘れて、気持ちをどんどん切り替えましょう。それに今は**ドライブレコーダーもあるのである程度は安心**です。

地方でタクシーを利用させてもらうとき。年配の運転手さんに「僕ら、手取りだともう月12万円にしかならないです」などと話しかけられることがよくあります。

そんな人に限って、続いてよく出てくるのが「年金でももらわなかったら、僕たちもうやってられないです」というひと言。逆に言うと、年金があるから問題なくやっていけるんですよね。

運転が大好きだったら最高じゃないですか。

さらに私がいいなと思うのは、車内で温かいコミュニケーションが生まれやすい点です。タクシーの車内は、じつは会話の宝庫でもあります。

あなたも「この運転手さんとは気が合うな」と感じたとき。世間話から始まって、仕事の愚痴や身の上話まで、つい話し込んでしまったことはありませんか。

つまり**タクシーとは、ある意味〝人間ドラマ〟が詰まった空間**なのです。

ちょっと下世話な話から人情話、暴露話まで、もしあなたがタクシードライバーなら、ネタ集めには困らないでしょう。

それをブログやnoteに書いたり、YouTubeで発信してみるとおもしろいはず。ひょっとしたらそれがヒットして、思わぬ収入になることがあるかもしれません（発信の際には相手の許可をとるようにしましょう）。

■タクシードライバーになるには

タクシードライバーとして働くためには、まず**「普通自動車第二種免許」**を取得することが必要です。

この免許は、タクシーやバス、ハイヤーなどの旅客自動車を運転するためのプロ向けの資格で、お客さんを安全に運ぶために必須の条件です。その取得には「普通免許」を取得後3年以上という経歴が求められます。

さらに、視力や聴力などの適性検査をクリアする必要があります。費用は10万〜20万円ほどかかりますが、これがタクシードライバーとしての第一歩です。

そして「普通自動車第二種免許」を取得した後は、タクシー会社に就職するのが一般的な流れです。

多くのタクシー会社はシニア世代の採用に積極的で、60代、70代でも活躍できる場があります。入社時にトレーニングや地理試験のサポートを提供しているところも多いので、安心してスタートできます。またカーナビが装備されていることが当たり前になっているので、それほど道に詳しくない人でも問題なく運転が可能になりました。

働き方も柔軟で、固定給と歩合給の正社員、たとえば「週3日勤務」のフレキシブルな契約社員やアルバイトなど、**自分の価値観に合った働き方が選べます**。

ワークスタイルはおもに三つあります。

「日勤型」は昼間の勤務が中心です。体力的に無理なく続けられるスタイルです。健康への負担を軽減しながら収入を確保することができます。

「隔日勤務型」というスタイルもあります。これは一日働いて一日休む形で長時間勤務にはなりますが、そのぶん休みが多く取れるのが特徴です。

一方「夜勤型」は夜間の勤務で収入が高くなる傾向があります。とはいえ体力面でのハードルがあるため、あなたに合った働き方を選ぶことが大切です。

そして無事タクシードライバーになれたら、さらなる楽しみがあなたを待っています。**高級車を運転**することです。

たとえばハイヤーの運転手になれば、憧れのベンツのSクラスやロールスロイスを運転するチャンスが巡ってくるかもしれません。車好きにはたまらない魅力ですよね。好きなことを仕事にできる最高のシナリオではないでしょうか。

■ウーバーイーツから始めるのも手

「タクシードライバーが気になるけど、まだハードルが高い」と感じるなら、まずはウーバーイーツの配達員を始めてみませんか。タクシードライバーと同じように、自分の時間や体力に合わせて働ける点が、大きな魅力です。

そもそもウーバーイーツの基本的な仕組みは**「空いている時間に、自分のペースでお金を稼げる」**というもの。

ウーバーイーツに登録さえしておけば、自分の空き時間に合わせて好きなときに働けます。「今日はちょっと暇だな」と思ったら、宅配をしてお金をもらえばいいわけです。これなら、誰でも気軽に始められますよね。

「事務系」から「現場系」への転職について思うこと

ここからは、ハローワークや就職サイトでとくに高齢者向けに多く求人が出ている四大職業についての私の考えをご紹介します。

警備員、管理人、清掃員、介護職、の四つとなりますが、こういった「現場系」の仕事に対しては、社会人となってからずっと「事務系」の仕事を続けてきた方のなかには抵抗を感じる方も多いのではないでしょうか。

私は、現場系の仕事も「案外、楽しめそうだな」と感じています。 勤務時間を有意義にするのも、楽しみを見出すのも、自分次第なのです。

たとえば大企業の部長だった人が「定年後は掃除の仕事をしたい」と配偶者に打ち明けると「世間体が悪い」と否定された……。そんなケースをよく見聞きします。

でも、**その仕事をあなたが心地よいと思えるなら、世間の目なんて〝糞食らえ〟**です。本当の自己で生きる覚悟をすれば、そんな価値観は簡単に吹き飛ばせます。

元部長が清掃員になろうが、介護職を選ぼうが、警備員になろうがいいではありませんか。あなたが第二の人生を自由に生きていきたいなら「やりたい」と思ったその気持ちをまずは尊重すべきです。その気持ちに素直に、忠実になりましょう。

楽しく働けば、元気に長生きできる、というメリットもついてきます。

定年後も働きやすい四大職業

1 警備員

警備員って、**体力が求められる仕事に思えるかもしれませんが、じつはその逆**。とくにシニアの方にはピッタリの仕事なのです。

だって、暇な時間が多いんですよ。ビル警備なんて、勤務時間の8割以上が座り仕事です。そう、モニターをじーっと眺めているだけ。あとは、館内に入る人のために鍵を開けたり、電話の対応をしたり。ちょっとした事務作業に近いですよね。

商業施設の警備もそう。巡回して異状がないか確認するだけ。体力的には全然ハードじゃないのです。最初は「どこがチェックポイントだっけ？」と迷うかもしれませんが、慣れてくると体が勝手に動くようになります。

で、暇な時間に何をするかって？　**本でも読むのがいちばん**じゃないですか。

知人の警備員さんも「暇つぶしが上手な人が長続きする」と言っていました。そう、ここだけの話ですが、内職しても注意されない現場も多いのです。

本を読んだり、考えごとをしたり。自分のペースでできる仕事ですから、ストレスもほとんどありません。たまに出入りの業者さんに入館証を渡す程度ですし、重いものを運んだり接客をする必要もない。つまり、**精神的にラク**なんです。

警備員さんの年齢を見ていると、70代、80代の方も多い。要は需給の関係で、高齢者でも積極的に採用してもらえるわけです。たしかに重い荷物を持つこともなく、ただじっとしている時間が多いので、体力が不安な方でも安心です。まさにシニア向けの仕事と言えます。

でも、逆に暇すぎて「つまらない」と感じる人もいるかもしれません。職場での出会いを求めている人にとっては、警備員の仕事は少しつらいかもしれません。

とはいえ暇な時間を楽しめる人、黙々と作業をするのが得意な人には最適な仕事です。

2 管理人

「マンション管理人」とは、住民が安心して快適に暮らせるよう、日々の管理やサポートを行う重要な仕事です。おもな業務としては、設備の点検や共有部分の清掃、廊下の電球や非常灯の確認などがあります。

電球の交換など簡単な作業は管理人が対応しますが、電気系統に問題がある場合は管理会社を通じて業者に修理を依頼するなど、適切な対応が必要です。

また、管理人室での窓口対応も重要な仕事です。宅配便の受付や訪問客の対応、電話応対、共用施設の利用希望者への鍵の受け渡しや使用上の注意事項の説明も含まれます。

さらに住民からのクレーム対応も管理人の重要な仕事のひとつ。たとえば「隣家の荷物が廊下にはみ出している」など、日常のトラブル解決にも奔走することが多いです。住民との良好な関係を築くことが、仕事をスムーズに進めるカギになります。

つまりマンション管理人とは**「なんでも屋さん」のような存在で、住民から頼りにされやすい**のです。ときには「業務外?」と思えることを頼まれても、にこやかに対応する姿勢が大切です。理不尽な要求に応じる必要はないですが、住民との日常的なやり取りが円滑なほど、仕事をしやすくなるのも事実。つまり感情労働の要素が大きいですよね。

接客業の経験があったり、社交的というか忍耐力があるというか、**「頭を下げるなんてタダ」と割り切れる人**には向いています。

この管理人という仕事は、シニアの方にピッタリだと私は思います。なぜなら、**「年齢**

を重ねていること」「人生経験があること」が強みになるからです。

少し想像してもらうと納得いただけると思うのですが、あまりに若い方が管理人である場合、入居者に不安や不信感を与える結果にもなりかねません。

その点、社会常識が豊富で落ち着いたシニアが管理人だったら、対外的にも安心、安全な印象を与えることができるでしょう。

気持ちのよい挨拶、礼儀正しい言葉遣い、聞かれたことに誠意をもって答えるなどのコミュニケーション能力。これらはもう、あなたに十分備わっているはずですから。

また、管理人とは「犯罪に対応する役割」ではなく「犯罪を抑止する働き」を担っています。

あなたがきちんと「そこにいること」で治安が保たれ、秩序が保たれる。それは、非常にやりがいのある仕事ではないでしょうか。おのずと地域の環境維持にもつながります。

それは住民もわかっていますから、**頻繁には口にせずとも、みな感謝している**ものです。もちろん、はっきりとお礼の言葉をもらえる機会も多いはずです。もしかすると、今までの仕事よりも温かいコミュニケーションが増えるかもしれません。

そういった意味で社会貢献にもなりますし、やりがいが大きいことは確かです。

マンション管理人になるために必須の資格はありませんが、人気が高いため、求人募集がかけられても選考が行われるケースも。

そこで**「マンション管理員検定」**（民間資格）を取得しておくと、管理に関する基礎知識をアピールできるため、有利になることもあります。さらに経験を積んでいくと、マンション管理組合のコンサルタントの国家資格である**マンション管理士**も狙いやすくなります。

3 清掃員

清掃の仕事は働く場所によって、仕事内容や勤務時間がさまざまです。オフィスビルや病院では、早朝や日中に清掃を行います。ホテルや商業施設では営業時間外にシーツを替えたりモップをかけたりします。駅、新幹線の清掃は短時間で集中して行います。

時給も仕事内容も微妙に異なりますが、共通するメリットは掃除が上手になること。汚れの種類に応じた洗剤選びや掃除法、効率よく片付ける技術などが身につきます。作業がスイスイできる**〝清掃の達人〟になれるなんて、悪くない**ですよね。

またホテル清掃の場合、シーツ交換を毎回くり返しているうちに自然と手際がよくなって、プロ級のベッドメイクの技が身についてしまうものです。

自宅でもこれらのスキルを生かして、きれいで快適な部屋を保てます。

もっと言うと、**新幹線の清掃は鉄道好きにはたまらないレアバイト**です。

〝7分間の奇跡〟という言葉をご存じでしょうか。これはターミナルに到着した新幹線の「駅折り返し清掃」を、わずか7分で完了させるプロたちを称えた言葉です。

清掃には地味なイメージがつきまとうかもしれませんが、その世界はじつは奥深いもの。毎日が楽しくなるかもしれませんよ。

清掃の仕事は早朝や夜間の短時間勤務も多く、スキマ時間にちゃちゃっと稼げます。**接客の要素が少なく、一人で黙々と作業しやすい**のも嬉しいポイントです。

もちろん、ラクな業務ばかりではありません。ときには汚れや臭いがきつい現場に当たることも……。でも、しっかり清掃し終えたときの達成感は、この仕事ならではの特権でしょう。

4 介護職

介護の現場では、女性職員が要介護者からセクハラやパワハラなどを受けるケースが増えています。ですから、男性の求職者は非常に喜ばれます。

また、令和4年度の「介護労働実態調査」では、65歳以上の労働者がいる介護事業所は全体の69・1%という結果が出ています。つまり**約7割の事業所で65歳以上の職員さんが働いている**のです。運転免許を持っている男性なら送迎ドライバーとして活躍する道もあります。

シニア世代ならではの強みも絶大！　利用者さんと世代が近いため、懐かしいテレビや映画の話題で盛り上がり、**自然とコミュニケーションが取れる**のも大きな武器になります。

そもそも介護の仕事は、利用者さんやその家族と関わることが多い仕事です。直接言葉をかけてもらえる機会もよくあります。

「◎◎さん、いつもありがとう」

そんなふうに純粋に感謝される経験は、何物にも代えがたいのではないでしょうか。

あなたの接し方によって、利用者さんの反応が変わったり、笑顔が見られるようになったりすることもあるはずです。それは、大きなやりがいとなるでしょう。もしかすると、利用者さんから元気をもらったり、学ばせてもらったりすることがあるかもしれません。それは〝お金には代えられない報酬〟だと私は思います。

「今の自分は相手や社会のお役に立てている」

このような実感を強く得られる仕事は、精神科医の立場からみても素晴らしい仕事です。あなた自身も生きる活力がビンビンに湧いてくるはずです。

さらに、介護の仕事や勉強を通して、介護の基礎知識や技能を身につけられる点も、大きなメリットです。**家族や自分自身に介護が必要になったときもスムーズに対応できる**でしょう。

高齢者の「好き」を生かせる仕事、定年後も働きやすい四大職業 収入リスト

【高齢者の「好き」を生かせる仕事】	
①ライター （著述家、記者、編集者）	**「200万円未満」32.0%（最多）** 「200万～400万円未満」26.9% 「400万～600万円未満」21.5% 「600万～800万円未満」8.2% 「800万～1000万円未満」5.5% 「1000万円以上」3.7% 「未回答」1.8% （年収）
②助監督	31.4万円（月収）
③コンサート会場スタッフ	1,397円（時給）
④ユーチューバー	「5,000円未満」20.7% **「5,000円～1万円未満」28.7%（最多）** 「1万～5万円未満」25.6% 「5万～10万円未満」14.5% 「10万～30万円未満」5.2% 「30万円以上」5.2% （月収）
⑤タクシードライバー	654円（時給）
【定年後も働きやすい四大職業】	
①警備員	1,246円（時給）
②管理人 （居住施設・ビル等）	1,020円（時給）
③清掃員 （ビル・建物等）	1,133円（時給）
④介護職 （医療・福祉施設等）	1,385円（時給）

【出典】

ライターは「フリーランス白書2019」、助監督はWEB「求人ボックス」（2024年10月）、コンサート会場スタッフはWEB「インディード」（2024年10月）、ユーチューバーはファストマーケティング社による「YouTuberに関する実態調査」（2022年4月）を参考にした。タクシードライバーと「定年後も働きやすい四大職業」に関しては、「令和5年賃金構造基本統計調査」（厚生労働省）の「臨時労働者の職種」（「男女計」のデータ）を参考にした。

高齢者のための「ニュービジネス」アイデア8

これまで私が思いつくさまざまな職業をご紹介しましたが、高齢者が「好き」を生かせる仕事はきっとまだまだ見つかるはずです。これらをヒントに、もっと自由にあなたのビジネスを創出してください。

あなたが好きなことを追求したり、得意なことを生かしたりして、誰かのお役に立つことができれば、それは即ビジネスになります。

世の中にある**「隠れた需要」を見つけて、満たしてあげる**。それがビジネスの本質ですから、とにかく需要を掘り起こしましょう。

もしも「起業」をお考えの場合は、まず**大切なのは、あなたが「損をしないこと」**。損益分岐点を見極めて赤字にならないラインを目指しましょう。

たとえ〝収支ゼロ〟でも、起業一年生の方にとっては御の字といえるでしょう。「赤字じゃないなんて上出来だ」とポジティブに捉えてくださいね。

つまり最初から高収益なんて狙わなくていいのです。報酬を支払うべきスタッフを抱えているわけではないですし、なにより年金によってあなたの最低限の生活は保障されているわけですから。

次に大事なのは「続けること」。

起業をしたら、できれば年単位で続けたいですよね。バッターボックスに立ち続ければ、事業やプロジェクトはなんとか軌道に乗るものです。あなたも今までの経験上、それはもう体感していらっしゃいますよね。

ここでは、シニアならではのビジネスモデルのヒントを8個挙げていきます。これからお伝えするものは、ジャストアイデア。ビジネスの萌芽です。あなた流に自由にカスタマイズして、大きく育ててください。

1 自宅の一部を店舗にリフォームして飲食店経営

起業をするには、第一に「ニーズのあること」をやるべきです。

そうなると、まず思い浮かぶのは飲食店経営です。カフェやラーメン屋なら参入障壁は低いですし、競合店がひしめいているエリアでもない限りニーズはあるでしょう。大きな問題がない限り「まったく稼げない」なんて羽目にはならないはず。

お勧めしたいのは自宅の一部を店舗にして、開業するスタイルです。もちろん人は雇わず、ワンオペが理想。そうすれば、初期費用もランニングコストも抑えられます。

「毎月の家賃が15万円なのに月商5万円」じゃ、絶対に持続できませんからね。

「経費の◎万円分は毎月絶対に稼がなきゃいけない」そんな縛りが発生するのは仕方ありませんが、その額は極力抑えましょう。

大事なのは他店との差別化、自己ブランディングです。なんらかの特色を打ち出しましょう。たとえば固いプリンや昔ながらのナポリタンなど懐かしいメニューを揃えた「昭和レトロ喫茶」、あるいは「喫煙できるカフェ」的なものも歓迎されるでしょう。

保健所などへの営業許可は慎重に行ってください。

2 外国人観光客向けガイド

インバウンドがこんなに盛んなのですから、ガイドの仕事なんていかがでしょう?

一日2万〜3万円の契約で外国人ツーリストを案内して差し上げるのです。「英会話にそこまで自信はないなぁ」という方でも、今は**ポケトーク（AI通訳機）**があるから大丈夫です。

「観光ガイド」というと、以前は特殊な仕事のイメージがあったかもしれません。しかし2018年の規制緩和により**「全国通訳案内士」（国家資格）の資格がなくても、ガイドをして報酬を得てよい**ことになりました。

地元など自分が詳しい地域の観光名所なら、案内しやすいのではないでしょうか。ブログやSNSなどでその魅力を発信し、お客様を集めてみるのです。この仕事は、地域にも貢献できる点がうれしいですよね。

注意点は二つ。

一つ目は、**旅関連の予約や手配には携われない**点です。

ホテルや旅館など、宿泊先の予約や手配をしたり、運送手段をチャーターしたりする業務には、旅行業登録が必要です。詳しくは観光庁のサイトで「旅行業法」について調べてみてください。

二つ目は、サービスを行う際のあなたの肩書（呼び方）についてです。

今現在、「全国通訳案内士」「地域通訳案内士」、またはこれに類似する名称を使用することはできません。

たとえば「通訳ガイド」「日本ガイド」「◎◎市ガイド（自治体名や地域名を含めてはいけない）」「スペシャルガイド」など。詳しくは「観光庁　通訳案内士の資格を持たない方」というワードで検索してみてください。

3 地方&海外特有のB級グルメを都市部に誘致

鳥取には「ホルそば」（牛ホルモン入り焼きそば）というB級グルメメニューがあります。昭和30年代、鳥取市内に多くあった焼肉屋やホルモン屋で、ホルモン（内臓肉）と野菜を味噌ダレで炒めたなかに中華そばを入れると実に美味しかったのが発祥なんだとか。私もいただきましたが、意外と美味しいのです。

「東京でこの店を出したらヒットするかも」なんて思いますよね。

出張の度に街をふらふらと歩いていれば、そんなメニューの一つや二つ、けっこう見つかるものです。

そして、**飲食店をやった経験がなくてもやればいい**のです。最近は、経験ゼロでもお店を始めて儲かっている人がいっぱいいます。開業の実務については、専門書をあたってみてください。

理想を言うと、定年前から起業のネタを探しておけると最高です。たとえば地方出張のときなど、その土地の美味しいものを探るだけでも、後の起業の糧になりますよ。

4 デイトレーダー

「会社に行かなきゃ仕事にならない」「現場にいないと労働とはいえない」……。そんな旧弊な考えは、捨てませんか？

88歳の現役デイトレーダー「シゲルさん」こと藤本茂さんをご存じでしょうか。投資歴70年目。資産20億円を築き、今も現役で勝ち続け〝日本のバフェット〟と称される方です。ある企画で対談させていただいたのですが、資産100億円、いや1000億円を目標に掲げるエネルギッシュな御仁です。

年齢を重ねると、大きな目標を持つことがいかに大切か、シゲルさんに教えていただきました。強い意欲は健康寿命の長さにも大きく影響します。

だから、デイトレードに挑戦するのも大アリなんです！

そもそも定年後のシニアには**ずっと在宅できる**というアドバンテージがありますよね。それは言い換えると、**市場にずっと張りつける**ってことでしょう？　たしかにデイトレードには最適ですよね。

デイトレーダーに限った話ではないのですが、誰もがそんな自分の特性に早く気づいて、十分に生かすべきなんです。

「ボケてる暇なんてあらへんで！」

シゲルさんが私にくれた言葉を、あなたにもシェアしますね。

5 パソコン&スマホの操作ご案内サービス

インターネットやスマホなど、デジタルデバイスに苦手意識のあるご高齢者に、使い方を優しくガイドする。そんなサービスも需要は高いでしょう。

マーケティングアナリストの**原田曜平先生**（芝浦工業大学デザイン工学部教授）と対談したとき、次のような傾向があると教えてくださいました。

「80歳になってもデジタルを使いこなせている人は、さまざまなプラスの指標が正の相関をしています。年齢にかかわらず、**デジタル高齢者はハッピー**。デジタルの壁こそ、健康、可処分所得、幸福度を左右する重要なファクターなんです」

つまり〝デジタルの壁〟は高齢者の生活の質を分ける大きな問題といえます。

そこを見越して、スマホやパソコンの使い方を解説する、**高齢者向けのガイド本も多数出版されてはいますが、それが当事者に届いているかは疑問**です。

たとえばQRコードの読み取り方、スマホカメラのズーム機能、メールに写真を添付する方法……。特別な資格や知識がなくても、あなたがガイドできることは多いはず。「根気強く、笑顔で教える姿勢」があれば、引っ張りだこになると思いますよ。

6 ドローン開発（最先端のデバイス開発）

テレビのニュースを見ていると、「くだらない」と思いつつもさまざまなビジネスチャンスがひらめきます。手帳にメモをする手が止まりません（笑）。

たとえば、ウクライナのロシア攻撃のニュースがきっかけで、ドローンをちょっと深掘りしたくなりました。

報道によると最先端の攻撃用ドローンって、わずか500ドルらしいんです。それが、積載重量などにもよりますが、40㎞も飛べるわけです。しかも3㎏の爆薬を積んで！　となると、エンジンをもし20倍にすれば、60㎏を運搬可能なドローンができるわけですよね。単純計算すると、価格は1万ドルくらいになるでしょうか。

やはりドローンは平和利用にこそ使われるべきです。
たとえば輸送手段にできれば「横断歩道がないエリア」のお年寄りのサポートが可能になるでしょう。たとえ歩道橋があっても、杖をついている高齢者が何度も渡れるわけがありません。
だから、人（一人約60㎏）を安全に運べるドローンが開発できれば、大歓迎されると思うんです。「100万円までなら欲しい」なんて方は多いはず……。こんな構想を描いて、技術者に出資をして製品化を目指すのはいかがでしょう？

たとえ実現しなくてもいいじゃないですか。こうやって**平素から頭の体操をしていると、ボケ予防にもつながります。**

7 多人数マネジメント型芸能プロダクション

おもしろいのは、タレントさん（お笑い芸人、モデル、文化人、作家など）を同時に大量にマネジメントすることです。映画監督をしたり、メディアに出入りしてきた経験から痛感しているのですが、営業をかけて仕事を取ってきてくれる**マネジャーが欲しいけれど、資金難のため雇えないタレントさんって意外と多い**そうです。そんな方たちとあなたが「マネジメント料＝売上の30％」という契約を結ぶのです。

たとえば書く本は本当におもしろいけれども、SNS発信に手が回らなかったり、性格的に奥床しくて宣伝ができていない作家さんって珍しくありません。

そんな方を番組で取り上げてもらえるよう、あなたがラジオ局・テレビ局に営業に行ったり、「いい講演をしますよ」と企業や行政に売り込みに行くのです。

最初は売上ゼロかもしれません。でも、たとえば1回10万円の講演料が発生したら、あなたに3万円が入ります。

重要なのは、何十人もと同時にマネジメント契約をする点です。

もし30人と契約して、各人が仮に1か月に5万円の売上を立てたとします。全体の売上は、30人×5万円＝150万円。あなたに入るのは、そのうちの30％ですから、単純計算で1か月で45万円。十分な稼ぎではないでしょうか。

社長のアイデア次第で個性的な事務所もいろいろと考えられます。たとえば「シニアモデルの事務所」「老人ホームで人気の芸人事務所」などいかがでしょうか。

サラリーマン経験がある方なら、営業能力や折衝能力は身についているはず。ましてや元営業マンなら新規開拓の飛び込み営業なんてお手のものでしょう。その能力を生かさない手はありません。

こういった仕事は「有料職業紹介事業」といい厚生労働大臣の許可が必要です。ぜひ調べてみてください。

どんな仕事についても言えますが**「開業にあたって、どんな資格や許認可が必要なんだろう」とリサーチする営みは、脳を非常に刺激します。**詳しい人を探して話を聞いたりするうちに、視野や人脈がさらに広がっていくかもしれません。それも楽しいですよ。

8 ハイレベルクラブ

あなたは「ホスト」という言葉にどんなイメージがありますか？

近年のホストクラブには押しの強い若いホストが多いそうですが、そうじゃなくて、定年退職した大卒、大学院卒の知識人たちを集めた**「インテリ系ホストクラブ」**をつくればいいと思うのです。お金持ちの未亡人や最近増えている女性経営者などが、知的な会話を楽しみに来てくれるかもしれません。

一方、男性のお客様向けには、臨床心理士を集めたキャバクラ（ラウンジ、クラブ）はいかがでしょうか。その名も**「心理カフェ」**です。

私は臨床心理士の資格を取りたい人向けの大学院の教員をやっていた時期があります。そのとき、臨床心理士の平均年収が約３００万円だと知り、驚愕しました。大学院まで出て難しい試験に合格し、社会的意義の高い仕事なのですから、もっと稼いでもいいでしょう。

そもそも臨床心理士とは「クライアントの話を聞き、その考えを尊重しながら援助をするプロ」。ですから、女性の臨床心理士さんを募り、一般的なキャバクラよりも高価格帯で「心理カフェ」をやったら繁盛する可能性は小さくありません。

お客さん側にとっても「俺はキャバクラに通っているんじゃない。悩み解決のために話を聞いてもらっているんだ」という立派な大義名分ができますよね(笑)。

「年を取ったら枯れていくのが美しい」なんて見方は、マスコミの大ウソです。男性も女性もどんどんときめくことが大事なんです。

そういった意味では、どちらを運営するにせよ、大きな社会貢献になりますよ。

■私が実践した効率的な集客方法

意外と効率的な集客の方法として、高級マンションへのチラシのポスティングがあります。

「チラシ配りで客がつくの?」

不思議に思われるかもしれませんが、**お客様の層を定めたチラシ配布は効率的**なのです。

駅前で「激安コンタクトレンズ」のチラシを配るのとは、わけが違いますから。

実際、私は塾を起業したとき、ターゲットを絞ってチラシを配り、大成功を収めた実績があります。

具体的に言うと「麻布や開成、筑駒などの進学校の新一年生のみ」という指定校制度にしたので、入塾案内のチラシは３０００枚しか配らずに済みました。それでも開業してすぐ、目標としていた数以上の生徒さんに来ていただけたんです。

それもありがたいことに、モチベーションが超高い、優秀な生徒さんばかり。もちろん、テレビＣＭや新聞広告なんて一切打っていませんよ。

これが「お客様の層を絞る」効用です。

私は普段からニッチなビジネスを目にすると、頭のなかでシミュレーションしてしまいます。

「あのサービスとあの業態を掛け合わせたら、ヒットするんじゃないか？」そんなふうに要素の掛け合わせを妄想するのも有益です。

このようにビジネスって、街をブラブラ歩きながら、アンテナを張って探すことが大事です。そうやっていると、おもしろいものが自然と目に飛び込んでくるようにできているんです。

これを心理学用語で**「カラーバス効果」**と呼びます。「特定のテーマや事柄を意識していると、それについての情報が自然と目に留まるようになる現象」をいいます。

つまり起業のネタを平素から意識しておくと、その周辺情報がよく目に入るようになり、アイデアがパッとひらめくようになるということですね。

4章

〝老害の壁〟を乗り越える働き方

「ムラ社会」の常識から自由になろう

働き続けることを決断したあなたへ。

よくぞ決心されました。この章では、少しでも長く楽しく働き続ける心の在り方について、お話ししていきます。

まずは、あなたの**心に潜んでいる〝べき〟を手放しましょう**。

たとえば「老害って思われないようにすべき」「職場に馴染むべき」「職場では褒められるべき」……。いやいや、そんな〝べき〟は一度忘れましょう。

大切なのは、仕事をきちんと遂行することだけなのですから。

〝かくあるべし〟というように、人間の判断をゆがめてしまう思考パターンを「不適応思考」と呼びます。平たく言うと、私たちの考え方を勝手にゆがめてしまう癖みたいなものです。この不適応思考が深刻化すると、精神的な落ち込みが強くなり、やがてはうつ病を発症しやすくなります。

では、人はなぜ不適応思考に陥ってしまうのでしょうか。

それは、自分への要求水準が高い、いわば、頑張り屋さんだからです。

自分への要求が高いぶん、「頑張らなければいけない」と自分を追い込み、それができなかった場合は自分自身を「駄目な人間だ」「情けない」と否定的に捉えてしまいます。

つまり自分で自分の首を絞めるように、思考が悲観的になっていくのです。


そんな患者さんのお話を聞くとき、私は別の視点を持つようアプローチします。

「そういう考え方もありますが、そうとも限らないんじゃないですか」と。

この**「別の視点を持つ」というアプローチは、「認知療法」の基本的な考え方のひとつ**です。認知療法とは、本人が自分の思考の偏りを「認知」することで、うつ病などの症状の改善を目指す療法です。この療法によって、ネガティブ思考やマイナス思考など、否定的な考え方の癖を変えることが期待できます。


「別の視点を持つ」トレーニングは、一人でも行えます。日頃から常に「そうかもしれない」という思考パターンを自分にプラスすればいいのです。

たとえば、誰かの噂話やテレビや新聞、雑誌などで見聞きしたことをうのみにするのではなく「そうかもしれないけど、別の見方もあるだろう」と異なる考え方や可能性を探すのです。

たとえば私が卒業した東大の医学部には「東大医学部を出たからには、大学教授になるべき」という常識がありました。東大医学部を卒業したら、そのまま医局に残り、大学病院の教授になるための出世レースに勝ち残るのがエリートコース。大学病院の教授は勝ち組、それ以外は負け組と自動的に見なされてしまうわけです。

しかしぶっちゃけて言うと、大学病院とは「教授の意見に従わなければ生き残れないところ」。下っ端にとっては毎日が我慢の連続で、強いストレスにさらされ続けることになります。

一方、開業医になれば、経営の難しさはつきまとうものの、上司の顔色をうかがうことからは解放されます。教授職のように定年もありませんから、望む限り働き続けることが可能です。

このように、**特定の組織内（コミュニティ内）での「常識」なんて恣意的なものでしかない**ことが多いのです。

「東大医学部を出たからには、大学教授になるべき」だなんて、あくまで東大医学部という「ムラ社会」においてのローカルルールに過ぎません。

実際、外の世界の人たちからしたら「教授の機嫌を取りながら働き続ける」だなんて理不尽な話ですよね。「せっかく東大医学部を出たのに、そんなに夢のない人生なの？」ってツッコみたくなりますよね（笑）。

さて、あなたはどうでしょう。

どこかのムラ社会のローカルルールにがんじがらめになっていませんか？

「かくあるべし」が深刻化すると、自分の心を締めつけすぎて壊してしまいます。

また他人にもその「常識」を押しつけたくなってしまいがち。すると「あの人は、ルールに厳しい人」などと敬遠されてしまう危険性もあります。

ですから第二の人生こそ、**いろいろな思い込みを外して、自分にも周りにも寛容になりませんか**。そんな自由さ、心の伸びやかさこそ、あなたの前頭葉を活性化させることにもつながりますから。

あなたも老害恐怖症？

「老害扱いされてるんじゃないか」

そんな不安にとりつかれている人は珍しくありません。結果、**必要以上に若い世代に迎合したり、へりくだりすぎたりする人が非常に多い**のです。でも本当の「老害」にあたる人なんて、全体の一割程度に過ぎないのではないでしょうか。

そもそも職場でへりくだりすぎると、仕事がうまく進まないことがあります。ですから、老害恐怖症なんてうまく手放していきましょう。

「たとえ老害と言われても、業務を遂行して職責を果たしているんだから、なんの問題もないじゃないか」

そんなマインドセットに切り替えてみませんか。

そもそも「老害」という言葉の意味がゆがめられている気がします。

老害とは本来、硬直した考え方の高齢者が指導的立場に居座り続けることを指す言葉です。無理やり人を動かそうとしたり、影響力を発動させようとするから老害と糾弾されるわけです。

昨今は**老害認定されるハードルが異常に低くなっています**。極端なことを言うと「高齢者であるだけで老害」と言わんばかりの圧すら感じます。

実際、いきいきとした老後の生活を阻もうとする若い世代の理不尽な言動にたびたび接します。

たとえば「年寄りの話は説教ばかりで腹が立つ」「年金暮らしのくせに贅沢するなんて」「年寄りがレジで会計をすると、もたついて迷惑だ」……。

ここまではっきりした言葉になっていないかもしれませんが、そんな世間の空気をしばしば感じます。だから「若い人から老害と呼ばれないようにしないと」と、高齢者が萎縮してしまうわけです。

つまり老害という「レッテル貼り」の多くは、高齢者への同調圧力なのです。

高齢者にイラつく不寛容な空気、それを私は〝老害の壁〟と呼んでいます。こんな壁は壊していくべきです。

もっと言うと、若い世代だってやがて必ず老いるのが道理でしょう。それなのになぜ、高齢者に不寛容なのか。弱いものいじめのターゲットにするのか。まったく残念でなりません。

〝老害の壁〟を壊していくには、まずは中高年やシニア世代が自分の意思を貫き通し、楽しく幸せに生きることです。**職場では謙虚であっても卑屈にはならず、媚びることなく働く姿を見せること**です。

そんな姿勢こそ、あなたの幸せや不寛容社会の是正につながります。

なかには定年延長や再雇用で会社に残ること自体を「老害」と陰口をたたく人がいるかもしれません。

仕事の能力とは関係なく、コネなどを生かして取締役として居座り続けるなら、たしかに老害と言えるでしょう。

でも、よく考えてみてください。定年延長組の人たちが、若い社員たちと一緒に働くこと自体が老害であるわけがありません。

誤解しないでいただきたいのですが、私は「組織内でシニアの立場を上げよう」と鼓舞したいわけじゃないんです。**へりくだりすぎてあなた（シニア）の価値を必要以上に下げ**

るのはもったいないと訴えたいだけです。
この「なんでもかんでも老害」という今の風潮にどこかで歯止めをかけないと、高齢者から生活、健康、楽しみなどの自由がどんどん奪われかねませんから。

アドラー心理学の〝横の関係〟を職場で意識する

次に、反対の例を挙げてみましょう。

職場で「自分より若い社員が逆らってくる」とムッとしてしまうことがあるなら。「なぜ俺が若造の指示に従わなきゃいけないんだ」と感じる瞬間があるなら。

少し「老害」の気《け》があるかもしれません。それは「職場であろうと若年者は年長者に素直に従うべき（年長者を立てるべき）」と思っていることの裏返しだからです。

定年後によくあるパターンは、再雇用後にもともと部下だった人が上役になるケースです。こちらがもう上司ではないのをいいことに、相手がぞんざいな態度を取ってきたりタメ口をきいてきたり、という話はよく聞きます。

とはいえ、それは仕方のないこと。**定年延長や再雇用を選ぶなら、序列が変化したこと、偉い人ではなくなったことを、楽しんだほうがよい**でしょう。

なぜなら心理学者の**アルフレッド・アドラー**が説く〝横の関係〟をつくれる状態になっ

たのですから。ベストセラー書籍の『嫌われる勇気』で話題になったアドラー心理学では、横型の人間関係を提唱しています。

逆に**縦型の人間関係は、昭和の遺物**です。

これからは横の人間関係、平等の関係を構築することが組織においても大事です。「平等」とは、各人の違いを受け入れ、人はそれぞれユニークで、人格的に対等であることを指します。つまり従来の「支配と服従（依存）」の縦型の関係から、「相互尊敬・相互信頼」という横型の関係への変化を呼びかけるのがアドラー心理学です。

さて、いったいどちらのほうが人は幸せになれるでしょうか？

「自分は縦型の関係のなかで、できるだけ上でいたい」「上でないと耐えられない」

そんな気持ちのある方は、裏を返すと**「自分の弱みを受け入れられていない可能性」**が高いです。自信がなかったり、相手に負けないようにと力んでいる部分があるかもしれません。

自分自身に本当に自信があって心が満ち足りていれば、自分を丸ごと受け入れられるはず。でもそうではないから「上でいたい」と望んでしまうわけです。そのような満たされない心理状態では、横の関係を築いていくのは困難でしょう。

これはアドラー心理学の基礎なのですが、人間関係を円滑にするには縦の関係より横の関係を築いていくのが圧倒的に近道です。自分がもし〝縦の関係〟として考える傾向があると感じた場合は、それを少しずつ修正していくようお勧めします。

「とはいえ若造なんかに従えるか！」

このように職場での序列を受け入れられない人は、仕方がありませんね。独立するか、「高齢者だけの会社」を探して就職することをお勧めします。

ただし独立しても顧客や取引先があなたより若い人の場合、頭を下げる必要があります。結局世の中は、**序列にとらわれず、誰に対しても頭を下げたほうがうまくいく**んです。

そういうお前はどうしているんだと思われそうですから、私の例も挙げておきます。

私自身は幼少期、祖母に**「頭を下げるのはタダ」**としつけられましたから、下手《したて》に出ることになんの抵抗もありません（笑）。これは誰に対してもです。「若造に使われるのは嫌だ」という心理的な抵抗については、よくわからないというのが本音です。

それでも「今さら自分を変えられないよ」という方は「若い世代と横の関係で働く経験」で自分の人格が磨かれると捉えてください。家でふんぞり返っているだけでは、対人関係のストレスはないかわりに、どうしても独善的になりがちですから。

「職場に馴染まなければ」なんて思うな

「たとえ仕事が見つかったとしても、新しい職場にうまく馴染めるだろうか」

今から、そんなふうに悩んでいる人はいませんか。じつはそこにも「かくあるべし」が潜んでいます。「職場では『ちゃんと』『きちんと』『しっかり』しなければ」という生真面目さに縛られているのです。これも「不適応思考」ですね。

そんな生真面目さは捨ててください。ずっと生真面目でいるとストレスが蓄積し「適応障害」を引き起こしかねません。

「適応障害」の症状には「憂鬱な気持ちになる」「不安感が強くなる」「涙もろくなる」「過剰に心配する」「眠れなくなる」などがあります。

「とはいえ、職場の和はやっぱり大事でしょ」

そう感じてしまう方は、次のようにマインドセットを変えてください。

「自分は『労働力』として雇われているのだから、まず仕事だけに集中しよう」

勘違いをする方も多いのですが「雇われる」場合、労働力として採用されているわけです。**〝仲よしお友達集団のメンバー〟として招かれているわけではありません。**

ですから職場におけるあなたの第一義は、与えられた業務を正確に時間内に遂行することです。それさえできていれば、もう上出来。「あいつ、変わってるな」「静かな奴だな」と周りに思われても、なんの問題もありませんよ。

そして、もし余裕があるならば。周囲と仲よくなる方面に心を砕くよりも、生産性を少しでも高める工夫をすることです。

ゆめゆめ**「職場の人気者」なんて目指さない**でくださいね。

人間関係をわざとドライにする必要はありませんが、必要以上に「仲よくしなきゃいけない」なんて思い込まないでほしいのです。冷たく聞こえるかもしれませんが、結局誰も幸せにならないことが多いのですから。

■「頼られよう」とも思うな

仕事とは「頼られたい」と思って取り組むものではありません。

「異性に頼られたい」「若い人に頼られたい」「みんなに頼られたい」……。

そんな下心が動機で働き続けようとしているのなら、長続きしないかもしれません。なぜなら、あなたが早々に疲れ果ててしまう可能性が高いからです。また誰からも頼られなかったとき、すぐにやめたくなってしまうでしょう。

そういう意味では**「頼られたい」という欲求よりも「稼ぎたい」というド直球ストレートな欲求が動機になっているほうが、まだマシ**です。

もちろん、職場の誰かが困っているのに気づいたとき、さっとサポートできるのは素敵なことですよ。ただ「頼られたい」という下心から優しくしたり、親切にしたり、恩を売ろうとしたりするのは感心しません。

そもそも**「その人を頼るかどうか」は、その人の仕事ぶりを見た相手が決めること**です。そこを履き違えては格好悪い大人になってしまいます。

もし、心のなかにわずかでも「頼られたい」欲求があると気づいたら、あなたのマインドセットを見直してみましょう。「年長者は若い人に頼られて当たり前」という考え方が大前提としてあるかもしれません。まずは、それを疑うようお勧めします。

「年長者は若い人に頼られる存在になるべき」というのも、じつは「かくあるべし思考」

のひとつです。

そのせいで多くの人が「若い人から頼られないのは、自分の性格が悪いせいだ」「自分の努力が足りないのだ」と自責思考になってしまいがちです。

自責思考とは「他者ではなく自分に非がある」と思い込む思考の癖を指します。成長意欲につながりやすい反面、極端な自責思考はストレスを抱えやすく、うつ病の原因になる可能性があります。だから疲れ果ててしまう前に「頼られる存在になるべき」という〝べき〟も手放しましょう。

つまり、仕事の目的を履き違えないことです。仕事の目的とは何か、なぜ自分は働いているのか。常に立ち返り考えることで、勘違いを防げます。

そして近い将来、あなたが（実力を見込まれて）若い人から頼られたとき。

「いや、俺はもう年収300万の再雇用組だから、君たちに言えることなんて何もないよ」とクールに済ませるのか、「いや、じつはこうやってやるんだよ」と親切に教えてあげるのか。

それは、あなた自身が自由に決めればいいことです。人目を気にすることはないのです。

〝大ハラスメント時代〟の若者との付き合い方

「ハラスメント」という世界的な潮流があります。

昨今は、どの業界も業種も〝大ハラスメント時代〟。ちょっとしたことでセクハラ、パワハラと認定されてしまいます。ややこしいので**「若い奴とは関わらない」くらいの姿勢で過ごすほうがむしろ安全**です。

「俺はコミュ力が高くて女慣れしてるし、むしろモテてきたよ」

そんな方こそ、むしろ要注意です。危ない危ない（笑）。

時代は明らかに変わっています。**若い世代と、私たち中高年以降の〝おじさん〟〝おばさん〟とは感覚が大きく異なります。**おじさん世代は誰でも、言葉尻をとらえられたり、反感を買ったり、糾弾されるリスクがあるんです。

もちろん「異性に少しでも近づきたい」というお気持ちは、私にもよくわかりますよ。でも職を失いたくないなら、そんな欲求は職場以外で満たしておくのが賢明です。なぜなら、**今のあなたは前よりも組織内での立場が弱くなっている**からです。

過去にどんなに立派な業績を残した方でも「現役組」と何かモメたら（感情的な対立を生んでしまったら）、いろいろな力が働いて、あっという間にクビを切られます。なかなか受け入れがたい事実だとは思いますが、想像以上に弱い立場に置かれているという事実を認識しましょう。

だから、**若い世代（とくに異性）には近づきすぎないこと**。せっかく定年延長できたのに、理不尽な理由でフェードアウトさせられたらもったいないですよね。

たとえば身に覚えのない濡れ衣を着せられたりでもしたら、嫌じゃないですか。

■〝相手の課題〟という考え方

これは相手が若者に限った話ではありませんが、たとえばあなたが、職場で「ちょっといいこと」をしたとしましょう。

満杯になったゴミ箱のゴミ袋を交換したり、プリンターに紙を補充したり、乱雑になっている共有の棚を整理したり、給湯室のキッチン用品を片づけたり。

でも誰からもお礼を言われなかったとき、内心がっかりしたことはありませんか？

「忙しいなか、せっかくやったのに、誰にも褒めてもらえなかったな……」

ここでもアドラーの考え方が参考になります。アドラーはこのような**「見返りを求める行為」を否定**しています。

「職場を快適にしたい！」というのは、あなたの気持ちであり、いわば〝あなたの課題〟です。あなたがどれだけ「〜をして、職場を快適にしてあげた」と感じていても、相手がそれをどう感じているかは相手次第。つまり〝相手の課題〟なのです。

アドラーは次のように述べています。

「馬を水飲み場へ連れて行くことはできる。しかし、馬に水を飲ませることはできない」

（引用：和田秀樹『アドラー100の言葉』宝島社）

この言葉は「あなたの力で変えられるのは、あなただけ」と教えてくれています。

「とはいえ、やっぱり褒めてほしいのが人情ってもんでしょ」

そう思ってしまう方にお勧めしたいのは「褒められること」を目的にしない生き方です。代わりに「自分は貢献している」という喜びを強く実感してみてください。それも誰かに褒めてもらって貢献したことを実感しちゃいけませんよ。**「貢献できた」という事実に、自発的に喜びを感じるんです。そう、自分一人の心のなかで。**

それができれば、「褒められたい」という欲求なんて一瞬で手放せますよ。

「褒められる」というのは「自分がどう思われているか」を気にし続ける状態と言い換えられます。いわば他人軸の評価を追い求めている状態です。アドラーはそんな状態を〝他人の目の奴隷〟と形容し、そうならぬように警鐘を鳴らしてくれています。

たしかに「褒めてほしい」と思いながら頑張り続ける生き方って、奴隷のように苦しいですよね。

自分がどれだけ頑張って相手を喜ばせようと努力しても、まったく報われない。そんな事態はいくらでも起こり得ます。それを恨んでも、なんにもなりません。

たとえば2024年1月、私は日本大学の常務理事を退任しました。日大からは「一身上の都合」と発表されましたが、内情を明かすと、**林真理子理事長**に辞任を迫られた結果です。「学部長会議での和田先生の発言をめぐり、学部長たちがいろいろうるさい」と林理事長に言われ、「林理事長が仕事やりにくいんだったら」と私が辞表を書いたわけです。

林理事長とは20年来の親交ですし、日大への愛や期待があったから常務理事という職をお受けしました。ですが、**私が職にとどまると日大の改革が進まないため、辞任を決めたんです。**

つまり「日大への献身」「林理事長の力になること」というのが私の課題だったわけですが「和田秀樹の進退」は林理事長サイドの課題です。

私の退任は、両者の課題が一致しなくなった結果です。それを恨んでも仕方がありません。それではたんなる私憤ですよね。私がすべきことは、ことの顚末を活字にして、日大がよりよくなるよう広く社会に知らしめること、と考えるようにしています。

実際、同年7月には『さらば日大！　―私をクビにした日本最大の学校組織の闇―』（ブックマン社）を上梓しました。私憤を公憤へと昇華できたと自負しています。

このようにいくら頑張っても、相手に好かれない（褒められない）という事態は起こり得ます。**そんなとき「課題の分離」という考え方が、心を守ってくれる**のです。

もし、上司や同僚にキレそうになったら？

ちょっとしたことでキレそうになったときの処方箋を書いておきます。頭の片隅に留めて、トラブルを回避してください。

「怒り」はあらゆる感情のなかでいちばん強くてコントロールが難しい感情です。喜びや悲しみは〝泣いたカラス〟と同じですぐに消えますが、「怒り」はパワフルで、一度爆発するとなかなか収まりません。ではどう対処すればいいかというと、まず脳の仕組みを把握しておくことです。**人が思わずキレてしまうのは、脳の仕組みのせい**とも言えます。詳しくご説明いたしますね。

そもそも脳はいくつかの部位に分けられます。たとえば人に殴られたときに、もっとも速く反応するのは「大脳辺縁系」です。

ここは、人間以外の動物にも共通の原始的な脳といわれます。大脳辺縁系では複雑なことは考えずに「殴られた↓カッとする」というごく単純な反応を起こします。

怒りのもとが、ここで生み出されるとも言えます。

そんな素早い反応をする大脳辺縁系を制御するのが「大脳皮質」という部位です。大脳皮質は極めて人間的な脳で、ゆっくりとした反応が起こります。

「この相手に勝てるか」「ここで喧嘩をしたらみんなに見られてしまう」といったことを考え、衝動的な行動に走るのを阻止してくれます。

つまり「怒り」についていえば、**大脳辺縁系がアクセル役、大脳皮質がブレーキ役**です。

このように脳がバランスを自動的にとれる点こそが、人が人たる所以なんです。

言い換えると「バランスがとれない状態」になるのが、感情的になってしまう原因です。

それには、理由があります。

最近重要視されているのは**「大脳皮質の窒息状態」**です。

感情が高まっているとき、不安が強いときには、大脳皮質に酸素があまりいかなくなります。酸素が不足すれば、大脳皮質は十分に機能できません。すると、怒りのブレーキがきかず、怒りがエスカレートしてしまうのです。

窒息状態に陥った大脳皮質を正常化させるには、脳に酸素を送るのが一番です。ですから3秒間、深呼吸をしてみましょう。同時に、脳が新鮮な酸素で満たされていくのをイメージするとよいでしょう。

つまり**イラッときたら、意識的に3秒間ゆっくりと呼吸をすればいい**のです。すると怒りも次第に収まります。

可能なら、職場から出て外を歩ければ、理想的です。長時間の離席が難しいならトイレや給湯室まで行くだけでもよいでしょう。新鮮な酸素を体中に行き渡らせるつもりで深呼吸します。怒りを体内の古い空気とともに、全部吐き出すイメージです。

見た目といっしょに〝感情年齢〟も若返らせる

脳の老化予防を考えるならファッションや美容の力を借りるのも手です。

たとえばファッションについて考えてみましょう。

今まで着たことのないテイストの服を買ってみたり、通勤時にパリッとしたおしゃれ着に身を包んだり。そんな営みが、前頭葉をビンビンに刺激してくれるんです。

たとえば「俺にこんな服が似合うなんて」と驚いたり、「今日のスタイルも決まったな」「我ながらいい男だな」と満足できたとき。感情が少なからず動きますよね。そんな瞬間を大事にしてほしいのです。

ずっと同じ服を着ていたり、髪もボサボサで寝起きのスタイルのまま身なりも整えず過ごしたりしていたら、心も高揚しないでしょう。

私は職業柄、多くの初老の男性たちを存じ上げています。

話を聞いていると「スーツ出社」がルール化されていない職場でも、スーツで出勤している人たちって、意外と多いのです。「通勤はスーツだけれど、介護職なので現場に着いたら作業着に即着替える」という人もいます。そのほうが〝現役感〟を保てると実感できたり、ご自身が「ときめく」からなのでしょう。

それほど**服装はよくも悪くも気分を規定**します。

逆に言うと「いかにも老人に見える服」ばかり着続けていると、どんなに健康でも、どんなに若くいたいと思っていても余計に老けてしまうはずです。

美容についても同じことが言えます。

たとえば**私自身は、白髪に抵抗があります**。部分的にでも白くなってくると、どうにも気になってしまうんです。あんまり格好いいとは思えないですし、時間を取って美容院に通い、染めてもらうようにしています。

もちろん毎日、執筆、取材、収録、商談、楽しいお付き合い……。スケジュールがみっちり埋まっていますから、美容のための時間なんてなるべく取りたくありません。でも、鏡を見た瞬間に白髪が目に入ると、一瞬で残念な気持ちになってテンションが下がる。そうなると、不思議なもので行動まで消極的になっていくんですよね。

やはり人には実年齢というより**〝感情年齢〟に引きずられて行動が規定される**部分があるのです。だからファッションにこだわったり、白髪を染めたり。そんなちょっとしたことが大事なのです。

でも日本人って、なぜか「見た目の改善の努力」を隠したがりますよね。

その代表例の一つが、男性の薄毛治療です。**ＡＧＡ（男性ホルモン型脱毛症）治療薬が効くことは医学的に証明**されています。ですから世界的に認可され、厚労省にも認められています（ちなみにＡＧＡ治療薬の副作用はホルモン療法で対応できます）。

これらは自費治療のため高価なイメージがあるかもしれませんが、たとえばＡＧＡ治療薬の服薬なら月７０００円ほどで、あとは症状に応じて外用薬がプラスされる程度です。たしかに市販の育毛剤よりは割高かもしれませんが、効果がハッキリしていることを考えると、費用面の若干の負担増はいたし方ないでしょう。

また**シワの改善には「ボツリヌストキシン（いわゆるボトックス）治療」**が有効です。私もコロナ禍以前は、定期的に施術を受けていました。これはボツリヌス菌のつくり出す筋弛緩作用のある天然のタンパク質を、緊張している筋肉に注射し、シワを軽減する治療です。

効果が確証されていない化粧品や美容術に投資するよりも、このように世界中の国々で効果が認められたものに使うべきです。

ズバリ言うと、**民間療法などではなく美容皮膚科を受診したほうがいい**に決まっています。そのほうがムダな投資にはなりませんから。ただし、ときに効き過ぎなどの副作用はあります。

それも、できれば早いうちからスタートできれば理想的です。

■60代からは、むやみに健康になろうとしない

60代を超えたあたりから、〝見た目年齢〟の個人差が、一気に広がります。しかも、その差は、年齢を重ねるにしたがって、その後、ますます開いてきます。

顔の肌つやがよく、皮膚に張りのある方もいれば、顔も皮膚もくすみ、シワばかり目立つ方もいます。そんな〝見た目年齢〟が老け込んだ60代の患者さんと話すとき、感じることがあります。**「タンパク質が足りていない」**ということです。

実際話を聞いてみると、そのとおりということがよくあります。

アメリカで「心筋梗塞の原因になるから肉を減らせ」と提唱され出したのは１９８０年代のことです。当時のアメリカ人は１日に３００gの肉を食べていました。

一方、当時の日本人は70gしか食べていませんでした。それなのに日本の医者たちは「肉を減らせ」と言ったのです。

今でも日本人は１００gしか肉を食べていません。タンパク質は肌や筋肉、血管の材料になります。そういうものを摂らないのは危険です。

作家の瀬戸内寂聴《じゃくちょう》さんも、１０５歳の長寿だった**医師の日野原重明先生**も、みんな大の肉好きでした。ムリに食べることはありませんが、食べられる人はしっかりとタンパク質を摂るべきです。

あっさりした変化のない食生活を好むのも「見た目が高齢」な人の特徴です。

そんな人の食生活は、次のようなイメージです。

朝……ご飯に味噌汁、納豆、漬物。

昼……蕎麦かうどん、夏なら、ソーメン。

夜……野菜の煮物、煮魚、冬なら、鍋物。

一つひとつの食事は、たしかに健康的です。消化にもよく、体にもやさしそうです。コレステロール値も血糖値も低く抑えられますし、塩分（これも足りない人のほうが多いのですが）さえ注意すれば、血圧が極端に上がることもないかもしれません。ただしこのような食生活を毎日送っていると、〝見た目年齢〟や〝心理年齢〟が実年齢より上がってしまう可能性が高いのです。

個人的には、65歳を過ぎたら、「健康数値至上主義」とも、そろそろお別れしてもいいように感じています。「健康数値がいいなら、見た目だって若いはずだ」と考える人が多いようですが、大きな誤解です。

私が今までに接してきた70代で言うと、**〝見た目年齢〟が若い人のほとんどが、血圧もコレステロール値も少し高め**でした。少なくとも、検診で定められている基準値よりは高めの人が多かったのです。逆にうつ気分が続く70代のほうが健康数値は正常であることがよくあります。むやみに健康になろうとしなくていいのです。

仕事上で会食があるなら、美味しい肉をどんどん食べて、楽しいお酒をどんどん飲みましょう。

■投薬と免許返納は見直すべき

健康といえば、考えていただきたいのが持病の投薬です。長く働き続けるためには、その準備期間から平素飲んでいる薬を見直してほしいのです。

なぜなら、**どんな薬にも副作用がある**からです。

そういった薬の副作用により、交通事故が引き起こされているのではないかと考えることもできます。むしろ高齢ドライバーにおける重大な交通事故の原因のほとんどは、薬による意識障害が原因ではないか、と私は推測しています。

アメリカで最近発表された、事故を起こした高齢ドライバー10万人以上の調査では、80%の人が運転時も危険とされる薬を飲んでいたことが明らかにされています。

それは薬害と言ってもよいでしょう。運転が必要なお仕事をされる方は、特に気をつけてください。

高齢になるにつれ、複数の薬を常用している人は増えます。しかも高齢者は代謝が落ちているため、薬の副作用が出やすくなります。すると低血糖や低血圧、低ナトリウム血症などで、意識障害を起こしやすいのです。

頭がボーッとしたり、歩き方もヨタヨタしてくることから、認知症と間違われることもあります。なかでも注意すべきは睡眠薬や鎮痛剤、精神安定剤などです。

暴走事故を起こした高齢ドライバーが、ふだんはしない暴走をしながら、当時の状況を振り返り「よく覚えていない」と答えることがありますよね。あれこそ、明らかに意識障害を疑ってよい証言です。

それなのに、高齢者すべてをひとくくりにして、「免許を返納しろ！」と迫るのが今の日本社会です。人権侵害、〝高齢者差別〟と言ってもよいでしょう。

もし免許返納を高齢者に求めるなら、まずは多剤服用の危険性を社会に知らしめるべきです。しかし、**私がテレビでこの発言をしたら全部カットされてしまう**のが実情です。それでも認知症を疑われていた人が、薬の飲み方を改めたところ、頭の働きも身体能力も改善することは珍しくないのです。

ですから、高齢者自身も**「不必要な薬を飲んでいると事故を起こしやすくなる」**と考えを改めてほしいのです。

つまり免許返納を考えるより、薬の見直しをするほうが先です。

■お金を出してまでジムに通うな

長く働こうと意気込むあまり、突然ジムに通い始めたりするのもお勧めしません。それまでに運動習慣がなかった人の場合、筋肉に炎症を起こしやすいからです。それに転んで骨を折ったりしては、大惨事になってしまいます。

運動を習慣化したい場合は、軽度の簡単な運動をムリなく続けることです。**通勤もいい運動になります。**

じつは私自身は数年前まで、まったく歩かない人間でした。移動手段はタクシーと自分の車のみ。するとある日突然ものすごく喉が渇き、1週間ぐらい続いたことがありました。異変を感じて血糖値を測ると660㎎／dℓもありました。これはまずいと思い、散歩とスクワットで300㎎／dℓまで下げました。そんなことがあってから、今でも歩くことだけは続けています（ただし炎天下の散歩は危険ですのでやめましょうね）。

高齢者こそスマホを活用すべき医学的理由

高齢者にとって苦手意識の強いスマホ。スマホが使えないと、日常生活で疎外感を感じることも増えてきました。私も本音を言えば得意ではないのですが、「前頭葉を鍛えるために、スマホをもっと楽しみませんか?」とお勧めしたいと思います。

もちろん、どうしても嫌ならムリして取り組む必要はありません。ただ、**SNSの活用など「人との会話」は前頭葉を鍛えるのに最適**です。

会話をするには、仕入れた知識を組み立てて、自分なりの考えをまとめて、相手に提示することが不可欠ですよね。こうした知識を加工する作業のときに、前頭葉が活性化してくれます。

そうは言っても、年を重ねると友人知人が減っていくことも……。だからこそSNSを活用していただきたいのです。

どんなSNSであっても、投稿するときは自分の考えをまとめる作業が不可欠です。とげとげしい内容だと周りの反感を買ってしまいます。かといって無意味な内容では無反応に終わってしまいます。仲間に向けて、内容を吟味する作業が重要になります。これほどクリエイティブな営みはありませんよ。

高齢者向け住宅では、スマホで撮影した写真を集めた発表会が人気だそうです。写真を契機に、同好の士が見つかり、会話が弾むのだとか。

そんな仲間と公園などを散歩しながら写真を撮れば、会話はより充実するわ、体は動かせるわ、前頭葉はより活性化するわ、一石三鳥になります。

■「試したがりな人」ほど若くいられる

このように、脳の老化を防ぐには「新しいことを楽しめる能力」が何歳になっても必須です。その時代ごとにその都度勉強し、自分をアップデートすることが大事です。

そもそも人間の前頭葉は時代が変わったときの環境の変化に適応するために進化してきた、という説があります。これからの劇的なパラダイムシフトを苦々しく思うばかりでは、生き残れないかもしれません。なによりあなた自身が楽しくないはず。

ですから年を取ってから退屈しないために大事にしてほしいのは「試すこと」です。

常に「試す姿勢」の人は、年を取っても退屈しません。

一方「当たり前のこと」「いつもと同じこと」を好む人は、より年を重ねてから、退屈してしまうのではないでしょうか。

■60歳からパソコンを始めた若宮正子さんのこと

とはいえ「私はもう年だから」「デジタルに乗り遅れてしまって、今さら体得する気にもならない」……。

そんな方は、**若宮正子さん**という女性のことを知ってください。**60歳でパソコンを購入し、80歳でアプリを開発、**86歳で台湾の元デジタル大臣オードリー・タン氏と対談した方です。

現在は、デジタル庁の有識者会議のメンバーとして活躍されたり、園遊会に自作の「エクセル・アート」でデザインした服やバッグを身につけて参加されたり、ACジャパンのテレビCMに起用されたり、行動領域を大きく広げられています。

若宮さんがパソコンを購入したのは60歳のときです。

パソコンがまだまだ高額で、今のような充実したネット空間もなかった時期に、パソコン通信を使って外の人たちと交流を始めました。

パソコン購入時は、お店に通って店員さんに使い方を教わったのだとか。まだシニア向けのパソコン教室なんて、ほぼない時代の話です。

もちろんブログやSNSもない時期でしたから、若宮さんは自力でホームページをつくり、自分の旅行の記録などを載せていきました。

65歳からは、シニア向けのパソコン教室の講師を引き受け、「エクセル・アート」をネット上で発表し続けていました。

狙いは「エクセルに興味がない人に興味を持ってもらうため」。その作品がマイクロソフトの担当者の目に留まって「TED×Tokyo」でのスピーチにもつながったそうです。

そして若宮さんは75歳から、アプリのプログラミングの勉強を始めます。

60代から興味のあることに取り組みながら、時間のできた70代で探求し、80代で花開くというコースはまさに理想的です。

60代からは、家族や仕事のしがらみから徐々に自由になれる、という例でしょう。

そんな若宮さんのようになるには、好奇心を絶やさないことです。

日本人には謙虚なところがあります。**「私なんか年だから」と遠慮している人も多い**ように見受けられます。でもそんな考え方は大間違い。

働き盛りの時期に封印していた好奇心ややりたいことを解き放ってあげるのが60歳、それが大きく花開くのが80代なのです。

AIの進化でもっとも得をするのは高齢者

高齢者の医療現場にいると、「これからの時代、高齢者はもっとつらくなりますよね?」そんな質問をよくいただきます。

「スマホすら使えないのに、AIとやらも広まってきてこの先もっと大変になるのか」と心配されているようです。

でもそれはITとAIの違いをわかっていないだけの話です。ご安心ください、AIの進化でもっとも得をするのは高齢者の皆さんですよ。

ITというのは基本的に道具ですから、われわれが使い方を覚えないといけません。ですが**AIの場合、複雑な使い方を覚える必要なんてない**のです。

指示さえすればAIが考えて、いろいろとやってくれます。だから遠慮なく命令できる人、突飛な命令ができる人こそ活用できることになります。

AIが人間に代わってほとんどのことを行うようになる時代。それは、言うなれば**誰も**

が「ドラえもん」を持つような時代です。

自分では何もしない「のび太」が、「ドラえもん＝ＡＩ」に「これが欲しい」と要求すれば、それでなんでも済むわけです。

でも『ドラえもん』という物語で重要な役割を果たしているのは、なんでも出してくれるドラえもんではなく、個性的なのび太のほうです。

つまり、のび太がつまらない（ありふれた）人間だったら、あのユニークな物語は成立しません。「こんなものを出して！」というのび太のリクエストがおもしろいから、ドラマチックな筋書きになるわけです。

これからのＡＩ時代に価値が高いのは、要求に応じてものをつくるドラえもん的な人よりも、「これをつくって」と要求できるのび太のような人なのです。

これからの時代は、その傾向はますます加速します。

模範解答とは違う答えを導き出せたり、ＡＩにユニークな指示を出せる人が活躍できるようになります。

「答えがあるもの」に**答えを出す作業なんて、ＡＩにまかせておけばいい**んです。

つまり発想力だけで勝負できる時代がもう来ています。あなたの個性を臆せず発揮してください。豊富な人生経験を生かしてください。

くり返しますが、ＡＩの進化でもっとも得をするのは高齢者の皆さんですよ。

5章

進化するシニアの「7つのスキル」

①時間を上手に使うスキル

年齢とキャリアを重ねてきたあなたなら、ひと通りの仕事術はすでに身につけられているることでしょう。でもそうなると、さらに成長するための「仕事のヒント」を身近な人から聞き出すのは難しくありませんか？

そこで、僭越ながら私の仕事術をいくつかご紹介したいと思います。なんらかの刺激を感じていただければ幸いです。

一つ目は時間術です。

作業に集中するには、やはり朝が向いています。私は臨床心理士の資格を取得する際も、やはり朝に勉強していました。

朝がいい理由の一つは、**朝だけはお酒を飲む気にならない**からです。

普通、朝ご飯を食べた後にお酒は飲みません。自宅で勉強や仕事をしている場合、昼食だと、もうすでにビールを飲んでいたりするので、それほど集中して仕事が続けられません。夕食だともっと飲むので、着実に能率が落ちます（笑）。

つまり朝は雑念もなく、環境的な誘惑が少ないのです。朝5時に起きて朝ご飯を8時過ぎに食べるとしたら、その3時間は仕事に非常に集中できます。ほかの時間帯で3時間まともに仕事に集中するのはけっこう難しいものです。

もちろん、深夜静かに仕事をすると能率が上がるという夜型の人もいるでしょう。しかし夜のほうがあれこれと空想するような雑念が入りやすく、誘惑が多いのはたしかです。ついお酒を飲みたくなりますし、テレビでは深夜番組も放送されています。とはいえ**禁欲的すぎる生活リズムは、逆に能率を下げてしまいます**。これは個人差があるので自分に合ったものを探してください。

私の場合、スケジュールにもよりますが、食後の昼寝や夕寝はよくします。家で仕事をしているときは、昼も夜もビールは飲みます。そのほうが寝やすいし、目覚めもいいです。

問題は目を覚ますための工夫です。人によって違うと思いますが、**昼寝の後にコーヒーを飲むと、だいたい目が覚めます**。

それでも目が覚めなかったら、否が応でもパソコンに向かいます。本でも読もうとするとだらけてしまいますから、とにかく椅子に座って「よいしょ」と仕事に取り掛かるようにしています。

一方、夕寝の後は風呂に入ると目が覚める人が多いでしょう。それで、もうひと頑張りできるというわけです。

■昼寝でその後の能率を爆上げ

注目していただきたいのは「昼寝」です。

第二の人生で会社勤めをするのではなく、自宅で働く場合。昼食後、ゆっくり昼寝ができるようになる方も多いはず。せっかくですから、健康効果を最大限に引き出す昼寝を習慣にしませんか。

健康によいと言われることが多くなった昼寝ですが、ベストの長さは人によって異なります。

一般的にスッキリ目覚めやすく夜の睡眠に影響を及ぼさないのは15～20分以内とされますが、当然個人差があります。ですから、10分、20分、40分、1時間など、いろいろと時間を変えてみて、自分の体にどういう変化が起こるかの実験が必要です。

また、横にならずに机に伏せて寝る程度がよいと言われることが多いですが、ベッドに寝る、ソファに座ったまま目をつぶるなど、ほかの寝方もぜひ試してみてください。

結果として、どの時間もどの寝方もどうにもしっくりこないのだとしたら、あなたにとっては昼寝そのものが不要なのかもしれません。

ちなみに、さまざまな試行錯誤の末に見つけた**私にとってのベストは「昼食の後、午後1時頃からベッドに入って1時間ほどする昼寝」**です。

こんなふうに一般的には非常識に見えるスタイルが自分にとっての最適解、ということもありえます。常識にとらわれず、自分のベストを探してみましょう。

②アウトプットの質を高めるスキル

アウトプットの質を高めていくのは難しいことです。

高齢者はただでさえ体力も気力も心もとなくなっていくわけですしね。ではいったいどうすればよいかというと、そもそも「勝てない勝負はしない」ことです。

不得意なこと、苦手なこと、好きじゃないことに最初から手を出さない。人生の後半戦では、そんな覚悟がよりいっそう大切です。

たとえば私は、さまざまな業界に首を突っ込み、多岐にわたる仕事をこなしているように見られがちなのですが、「やっていないこと」もじつはたくさんあります。

たとえば、スポーツ、ギャンブル、そして女性と遊ぶことです。なぜなら、私の得意分野とは思えないからです。

もちろん、試しに麻雀をやってみて「俺は筋がいいかもしれない。今から頑張れば強くなるだろう」と実感できれば、麻雀デビューをするかもしれません。

また、誰かに連れられて行ったクラブでモテてしまったら、勘違いをしてのめり込むかもしれません（笑）。でも、そうは思えないのでやっていないだけなのです。

べつに私は、それほど禁欲的な人間でもなければ道徳的な人間でもありません。

幼少時からスポーツの才能はないとわかっていたので、スポーツにのめり込むこともありませんでした。その頃から**「自分に才能がありそうなことに特化する」**という方針を基本的に貫いてきました。その一つが受験勉強です。

中学生のときには小説家にチャレンジしようかとも思っていたのですが、どう考えても審査員に評価してもらって賞が取れるような文章を書けそうにないので、その道はあきらめました。私の場合、論理的な文章は書けるのですが、情緒的な文章は書けないのです。ですから、賞を獲得してデビューするような小説家の王道は中学生のときにあきらめました。

ただ、それでもどうしてもやりたいという気持ちになれば、それなりの方法を研究します。勝っている人のノウハウを研究したり、別の方法を考えたりするのです。

どうしても小説家になりたいと思えば、テレビプロデューサーや編集者と一緒にタイアップ企画を立て、いきなりドラマの脚本に使ってもらい、認知度を高め数十万部の部数を売ってデビューする。そんな形がとれないか研究してみるでしょう。

とはいえ、なるべく自分の得意分野で勝負したほうが、勝つ確率は高くなるはず。勝てない勝負をするよりも、勝てる勝負に全力を尽くしたほうが効率的です。

そのためには、**自分が何に強いのかを知っておく**必要があります。

■まずメタ認知的に自分の強みを分析する

昔から「敵を知り己を知れば百戦殆《あや》うからず」と言われますが、そのとおりです。

現代のような情報化社会では「敵を知ること」は、昔よりも比較的容易です。

就職試験にしても、資格試験にしても、敵を知るための本はたくさん売られていますし、ネット上でも「敵」に関する情報は多く流れていますよね。

ところが「己を知ること」って難しいんです。ネットで調べても、まず出てきませんよね（笑）。本を読んでも己を知ることは不可能です。だとすると、**日頃から自分を知るように心がけ、それを習慣づけておくこと**が重要になってきます。

「自分を知ろう」とする習慣を持っているか否かが、意外に大きな差になってしまうのですが、それに気づいている人はごく少数派です。

情報化社会であればあるほど、敵に関する情報があふれ、己を知ることがないがしろにされていきます。資格試験や就職試験用のマニュアル本や情報誌は山のように売られていますが、みんなと同じことをやっていたら「己を知っている人間」に負けてしまいます。そういった意味で、いちばん大切なのは「自己の能力分析」なのです。

自分の得意分野で思いっきり力を出せれば、アウトプットの質なんてすぐ上がります。これは全世代に言えることですが「苦手を克服しよう」とはせず、**長所を伸ばそうとする姿勢が大事**です。年齢を重ねたら、なおさらです。

③ひらめくスキル

稼ぎ続けるために必須の「ひらめく技術」はどうすれば磨けるのでしょうか。カギは**「常に推論する癖をつけること」**、**「いろんな分野に興味を持つこと」**です。

企業に勤める営業マンがいるとしましょう。そのような人は、自分が持っているスキルをほかの業種に応用できないか、副業化できないかを常に考えるべきです。

またそのようなことを普段から考えている人は、本職も仕事の生産性が高いでしょう。なぜなら「常に考える習慣」が、仕事の幅を広げ、ほかに「稼ぐヒント」を与えてくれるからです。

たとえば「過去どのような商品が売れ、なぜ売れたのか」「どういうポイントが評価されていたのか」「他社はどのような製品を投入しているのか」「マーケットでは何が評価されているのか」「自社はどういう層に製品を投入すべきなのか」。

こういったことを常に考え、推論している人は、あるとき必ず「ひらめき」があるはずです。**知識（知見）が多いほど、さまざまな形で推論できる**からです。

ただし、知識をたくさん持っているだけではなく、それを有効に使わなければなりません。知識を材料にして推論することは、トレーニングでも十分身につけられます。

また、これからはある意味で「なんでも屋」の時代です。日本人はとかく「なんでも屋」を嫌う傾向にありますが、さまざまな知識の材料を組み合わせて、より創造的で付加価値の高いものを生み出すには「いろいろな分野に足を踏み入れている人」のほうが強いのです。

たとえば、老人医療に携わる医者にしても、自分の専門は循環器内科だからとか、脳外科だからという理由で、それ以外の分野の診療をしないのでは、応用範囲が狭くなります。専門分化型の医療が岐路に立たされているのは、逆に言えばなんでも屋が絶対的に不足しているからかもしれません。自分の専門分野にしか興味をもたない「専門バカ」は、一人の人間がいくつもの病を抱えやすい超高齢社会ではニーズが下がっていくでしょう。**これからは「専門バカ」よりも「なんでも屋」**です。

④人とつながるスキル

あなたは長年にわたり努力を重ね、経験を積み、確固たる地位を築いてこられたことでしょう。しかし、年齢を重ね、役職や地位が高くなるにつれて、ふと気づけば、以前ほど自然に頭を下げていないのではないでしょうか。

地位や経験を得ると、誰でも謙虚さを忘れがちです。でも**頭を下げ続ける姿勢こそ、さらなる成功を呼び込むためには必須**なのです。

たとえば歴代総理の中で、**小渕恵三元首相**は決して偉ぶることなく、謙虚さを大切にしたことで知られます。小渕元首相が市井《しせい》の人々に電話をかけてお礼を伝える「ブッチホン」のエピソードは有名です。

総理大臣という立場であっても一般市民に対して感謝を伝え続けたことで、彼はより多くの支持を集めました。

謙虚さという点では**田中角栄元首相**の存在も忘れてはなりません。田中元首相は今太閤《いまたいこう》と呼ばれるほどの権力者でありながら、田んぼのなかで泥だらけになりながら、農家の人たちと握手をしていました。

地位が高くなっても一般の人たちとつながる姿勢を見せたことで、大衆から強い信頼と支持を得たわけです。

このように**偉くなればなるほど、頭を下げる行為は大きな意味を持ちます**。

頭を下げることで、周りからとっておきの情報が提供されたり、絶大な信頼を得たりして、さらなる成功への道が開かれるわけです。

逆に、威張り始めて頭を下げなくなると、どんなに地位の高い人でも、周囲からの協力や支持を失うことになります。

もちろん謙虚であり続けることは決して簡単ではありません。でも人心掌握に長けた過去の偉大な政治家たちは「謙虚さ」の価値を理解していました。私たちも今こそ頭を下げる重要性を再認識し、謙虚さを大切にしていきませんか。

■どんなお誘いにも、まず乗ってみる

「誘いには、まず乗る」。そんな**フットワークの軽さも、謙虚さを体現する具体的な行動のひとつ**です。相手の価値観や視点に耳を傾け、適応を試みる行動だからです。

私自身は基本的に、どんな誘いでもありがたく受けるようにしています。出版に限らず、新しいビジネスの話であっても、最初は話を聞いてみようと思うのです。

もっとも話を聞いたからといって、すぐに何かを始めるわけではありません。たとえば最終的に法外な額の費用がかかるなどと言われたら断ることもあります。

大事なのは**最初から「うさんくさい」と感じて敬遠しないこと**。ビジネスチャンスを逃さないよう、まずは話をきちんと聞くことにしています。「その時間がもったいない！」という見方もあるでしょう。でもその程度の損失は許容範囲と捉えています。

⑤心を守るスキル

不安に駆られたり、心配になったり、悩みが深まったり……。こんなストレスを手放しやすくなる方法をご紹介します。自分の気持ちや身の回りのものを「整理」することで、視界がパッと明るくなり、平常心を取り戻せることがあるんです。

一つ目は**「書くこと」**です。

精神医学の分野では、「書くこと」を活用した心の健康法が注目されています。多くの人は、落ち込んだり不安を感じたりしたときに、心のなかに混乱した考えを抱えてしまうことで、さらに悩みが深まります。そこで「書く」という行為を用いて、心のなかを一度文章化し、不安や悩みを解消し、悪循環を断ち切ろうとする手法です。

このような健康法の代表例として、「認知療法」が挙げられます。

「認知療法」は、不安をより大きなものにしてしまう自動思考を矯正することを目的としています。たとえば上司から呼び出しを受けた際に、「リストラされるに違いない。もうどうしようもない」と極度の不安を抱いてしまう人がいますが、これは次のような思考パターンが根底にあるのではないでしょうか。

呼び出しの知らせを受けた瞬間、過去の上司との悪い関係の記憶が蘇り、心がネガティブな感情で満たされてしまう

↓

そのネガティブな感情に影響され、「また同じような悪い結果が訪れるに違いない」という思考が生まれる

↓

上司に会う前から、不安や怒りなどネガティブな感情が溜まり、思考回路は「悪いことが起こる」という方向に固定される

↓

結果として、上司との会話が険悪なものになり、悪い結果を引き寄せてしまう

このような悪循環をくり返すことで、「やはり悪いことが起こった。自分の考えは正しかった」という思考が強まってしまい、さらなる悩みを生み出してしまいます。この自動

思考の問題点は、当事者自身がその思考を疑わなくなる点です。

それを修正するために、たとえば、上司に呼び出されたときの**感情や考え方のパターンを、0%から100%までの数字と一緒に記入する**のです。

感情面では「不安90%」「怒り80%」、思考面では「リストラにあうはずだ80%」「上司は自分を嫌っている90%」などという具合です。

この記録を見ることで「100%確実に起こる」と信じ込んでいたリストラが、「じつは100%ではなかった」と気づいて冷静になれます。あるいは「80%だ」と予想していた場合、ほかの可能性も考えられるようになります。そして「100%確実に起こる」と信じ込んでいたのは、不安や怒りなどの感情の影響だったとわかります。

つまり**「書く」という行為は、人間を冷静で客観的にしてくれる**要素を持っているのです。怒りや不安が強まったときに書くことは、大きなメリットがあります。

二つ目は**「資料の整理」**です。

私は物を探すのに非常にストレスを感じるタイプなのですが、職業柄どうしても紙の資料が増えてしまいます。資料を探しているときになかなか見つからないと、時間が無駄になりますし、「もし見つからなかったらどうしよう」と不安になります。生産性が下がるだけでなく、嫌な気分にもなるため、整理には気を配っています。

そこで編み出した「安心感を保てる整理法」をご紹介します。資料以外の物の整理にも応用可能ですので、ぜひお試しください。

私の整理法は非常に簡単です。**テーマごとに「袋」をつくる**のです。

教育関係については「教育関係」の袋、高齢者医療関係については「高齢者医療関係」の袋をつくります。そして、それぞれの袋に資料を入れて、ある程度整理しておきます。とはいえきれいに整理されているわけではなく「一応分類ができている」という程度です。袋や段ボール箱のまま置いておくことが多いです。

これらの資料のなかで、絶対に必要がなくなったものは捨てることもありますが、ほとんどの場合は取ってあります。なぜなら、捨てる作業は時間がかかるからです。

一年分の資料を整理して捨てようとすると、1〜2日はかかりますし、一カ月分の資料を整理するのにも1日程度はかかります。

ですので、引っ越しや大幅な部屋の模様替えなど、緊急な事態がない限り、追加的な整理は避けるようにしています。その代わり、十分に分類できるように、収納スペースを広く確保しています。

もし整理をしてくれる人を雇えるなら、その人に資料の整理をお願いしたり、スキャナーで資料を読み込んでもらってパソコン内に整理してもらうかもしれません。しかし、現状では自分で行わなければならないため、そこまで時間はかけられません。**できるだけ時間をかけずに整理することが基本**です。

そのため、**スクラップブックなどは作成していません**。スクラップした資料が有効活用できるのであれば作成してもかまいませんが、スクラップブックの作成にかかる時間と、それを活用して得られるものを比較すると、やはり無駄だと感じます。

ノートについても同様の方針で、**きれいなノートを取らない**ようにしています。きれいに書く作業に気をとられると、大事な内容がおざなりになってしまう恐れがあるからです。読める程度であればそれでよしとし、あとは分類して保管しています。

このように整理を非常に重視しているのは、自分が不安にならないためです。とはいえ、そこには**最小限の労力しか割かない**ようにしています。でもそれでいいのです。

見た目は悪いですが「この袋や段ボール箱のなかに必要な資料は必ずある」。そんな安心感があるだけで、目先の仕事はうんと捗ります。心の健康にも最高なのです。

⑥ITに振り回されないスキル

4章では高齢者のスマホ活用についてお話ししました。SNSに投稿したり、スマホで写真を撮ったり。「遊び」の分野で活用しませんか、というお誘いでした。

一方「正確さ」「速さ」が問われる仕事の場面では、ムリしてスマホを使う必要はありません。操作が追いつかなかったり、不慣れなせいで誤操作をしてしまっては、仕事に差し支えるからです。実際私も**仕事の面ではアナログ派**の一面があります。

たとえばメモを取ったりスケジュールを管理する際は紙の手帳を活用しています。ポケットサイズの手帳をどこにでも携帯しているのです。

長年愛用しているのは、左側にスケジュール、右側にメモが書けるウィークリータイプ。そこに予定や気づきをどんどん書き込みます。

たとえば、テレビを見ていて感じたことや、ふと思いついたYouTubeのアイデアなどを記録していきます。

「とにかく読めればいい」というスタンスなので、見た目は決してきれいではありません(笑)。しかし、それでいいのです。**手帳の目的とは「見せること」ではなく「すぐに記録すること」**ですから。

「スマホを使わないとは意外ですね」と驚かれることもありますが、私は手書きに慣れているため、そのほうが圧倒的に速く記録できます。ですから、私にとってベストな選択は紙の手帳なのです。

そもそも私は、**テクノロジーそのものに詳しくなりたいわけではありません。必要に応じて最低限使っているだけ**です。

パソコンも同様です。私の場合、おもに原稿を書くためにノートパソコンを持ち歩いています。手帳と同じように「携帯できること」が前提ですから（不測の事態も想定して）落としても壊れにくいパナソニック製を選んでいます。

移動は基本的にタクシーなので重量は気にしません。軽量なものが必要な人は、そういう製品を選べばいいでしょう。

インストールするソフトも最小限に抑えています。多くのソフトをインストールすると、フリーズするリスクが高まります。画面が突然固まって、原稿が消えてしまう事態は避けたいですから、必要なソフトだけに絞っています。

インターネットも、必要な情報を得るためにしか使いません。**ネットサーフィンを始めると、あっという間に数時間が過ぎる**ので、これも気をつけています。

■自分なりの改善策を考えよう

スマホに関しても連絡を取る手段として不可欠ですから携帯はしていますが、**アプリは最低限**しかインストールしていません。

気になるのは、スマホが使いにくい点です。ガラケーからスマホに切り替えたとき、電話を取り損ねたことが何度かありました。操作ミスで応答ができなかったのです（今もよくあります）。

また画面のフリック入力についても、改善の余地がある気がしてなりません。どうしてもミスタッチをしてしまうのです。とはいえ入力用のペンを使って丁寧に操作しようという気にもなれません。

そこで考えたのは、スマホのタッチスクリーンとガラケーのボタン操作を組み合わせたデバイスです。**表がタッチスクリーンで、裏面が数字のボタンになっているというアイデア**です。

なかなかよい案だと思いませんか（笑）。

このように「使いづらい」と感じたら「どうすれば使いやすくなるか」を考えることで、ビジネス脳を鍛えることができます。

「新しいものは面倒くさい」などとネガティブに捉えるのではなく、少しでも改善策を考えること。そんな姿勢が、大事なのです。

⑦コスパを上げるスキル

3章では、起業の際には初期費用（イニシャルコスト）もランニングコストも抑えましょうという話をしました。実際、私も事業を立ち上げる際は極限まで両方のコストを抑えています。

学生時代、最初に塾を始めたときの開業資金は100万円程度でした。なぜ100万円で済んだのかといえば、ワンルームマンション一室しか使わなかったから。これを逆に売り文句にして、「一クラス9人までの少人数教育」とうたいました。

そして前述したようにチラシを配布したのです。

チラシといっても生徒は「麻布、開成、筑駒などの進学校のみ」という指定校制度にしたので、3000枚しか配らずに済みました。広告費は確保できなかったので、テレビCMも新聞広告も一切打っていません。

つまり初期投資といっても3000枚のチラシとワンルームマンション一室くらいですから、100万円程度で済んだのです。

また通信教育を始めたときは「和田秀樹の著作に挟み込んだハガキがないと申し込めない」というシステムにしていました。おかげで広告費は0円。講師に払うお金は歩合制にしたので、主なランニングコストは事務所代と事務員代のみ。

「もし全額損をしたとしても一生懸命に働けば取り返せない額ではないし、うまくいったら儲けもの。それにこの程度の投資で済めば、2〜3年は持ちこたえられる」

そう踏んで始めました。

つまり私が考える**起業の第一条件は、コストをかけないこと**なのです。そうすると、いつでもいくつでも新規事業を立ち上げられるし、ダメだと思ったらすぐに撤退して、また別の事業を始められます。

結局のところ、**本当に必要なのは高額なお金ではなく「やる気」**でしょう。

真剣に会社を起こしたいなら、お金が足りないからというような言い訳をしないで、すぐに実行に移すべきなんです。どうしてもお金が足りないなら、できるだけコストのかからない立ち上げ方を模索すればいいのです。

■投資するからにはきっちり回収すべし

このように「経費を極限まで切り詰める」コスト意識は大事です。

この考え方は「これからなんらかの資格を取って、独立開業に生かそう」という方にも、役立ちます。要は**「資格取得」という名目でやみくもに自己投資をしても仕方がない**のです。やはり投資である以上、回収をしなければなりません。

そこで「何を回収するか」を明確にしておくことが重要になります。

たとえば、パソコンスクールに通うのだとしたら、自分がパソコンをできるようになって何がどう変わるのか、会社のなかでの立場がよくなるのか、サイドビジネスができるのか、転職につながるのかなどを、きちんと考えておくことです。

資格を取るときは、その資格を取ることによってどんなことができるのか、実際にどれくらい稼げるのか、しっかり見極めておきましょう。

数回のセミナーを受けることで、半ば自動的に付与される（講師に認定される）というような民間の資格も多いですが、そういう資格については資格のうちに入らないと私は思います。

多くの場合、学校にも通わないでセミナーや講座程度で得られる資格なんてたいした資格ではないでしょうし（ときに新設の資格などで有利なものもありますが）、それを得たところで得することも少ないはず。資格取得後のメリットや資格取得者の現状は、事前に調べておきましょうね。そうでないとお金をドブに捨てるようなものです。

おわりに

60代前後になると、多くの人は体のあちこちに問題が見つかります。

それに対して医者はとやかく言い、「放置すると死んでしまう」と警告します。しかし、医者の言うとおりにしていても、いつかは確実に死ぬことを医者自身も理解できていないようです。

たしかに死ぬのは「少し遅れる」かもしれませんが、それも正直わからないのです。

医者の指示に従っていれば、多少は脳卒中や心筋梗塞のリスクが低くなるかもしれませんが（これも日本では大規模比較調査が行われていません）、免疫力が下がることで、ガンのリスクは逆に上がるかもしれません。

ガンを早期発見、早期治療したことで体力を落とし、早く亡くなってしまった。そんな皮肉な例も、私は実際に多々見てきています。

医者がこんなことを言うべきではないかもしれませんが……。健康を追求しすぎるのは、やはりよくないのです。それがつらいことであれば、なおさらです。

たとえば「歩くことが健康にいい」と信じ、酷暑にタクシーを使わない人がいます。日本人のメンタリティとして**「難行苦行をしていると、後でよいことがある」と考えがち**です。

受験勉強についても然り。ド根性の精神論で、苦しい勉強方法を選ぶ人が多いです。でも、そんな〝ガンバリズム〟で万一よい結果が出なかったとき。「青春を返せ！」と叫びたくならないでしょうか？　私も受験産業に関わっていますが「少しでもラクに合格させてあげたい」という願いでいっぱいです。

合格実績はもちろん大切です。でも**「ラクをしても、ちゃんとした結果は出せる」**と知るほうが、生徒さんの後の人生に、はるかによい影響を与えるでしょう。

私が「つらい思いをしているから長生きできる」と思えないのは、そんな長年の受験指導の経験から来ているのかもしれません。だって、どうせいつかは死ぬのであれば、命が続く限りは楽しく、ラクをして快適に生きたいですよね。

職業観についても、この信条はもちろん当てはまります。
「誰でも頭を使えば、苦しい思いをせずとも、楽しく働き続けられる」
「やりがいを感じながら好きなことで稼ぎ続けることができる」
私はこう信じています。
そのためには、くり返しになりますが**「やりたいこと」を見つけるのが近道**です。

かつては東大精神科医師連合の闘士で、その後、宮崎で大規模な精神病院を経営し大成功を収めた**藤元登《と》四《し》郎《ろう》先生**という医師がいます。お会いしたことはありませんが、多くの方からすごい人だと聞いていました。

その藤元先生が医者も病院経営もやめ、75歳から小説に取り組んでいるという話を医療関係者のサイトで読みました。そのために京都暮らしをされているそうです。

そんな藤元先生のことを知ってから「65歳からではなく**75歳からが第二の人生になる人もいる**のだ」と学びました。藤元先生はかなりの年齢を経てから「本当にやりたいこと」と出合われたのでしょう。

これからの人生100年時代、そんな方はますます増えるはずです。

あなたも常識に縛られることなく、若者に媚びることもなく、本当にやりたい仕事に取り組んでください。もちろん、私もそうありたいと決意しています。

■一人ひとりがビンビンの〝幸齢者〟を目指す

ここまで読んでいただいても、「そうは言ってもねぇ……」とできない理由を指折り数えている。そんな方に、ぜひ考えてほしい「選択」があります。

世の中には、自分の老いを恨み、できなくなったことや失ったものばかりを「ないない」と数えながら生きる人がいます。

一方、自分の老いを受け入れ、残っている可能性や楽しみを「あるある」と大切にしながら生きる人もいます。あなたはどちらの人が幸せだと思いますか？

私のこれまでの臨床経験では、「あるある」で生きる人のほうが、より幸せに見えました。家族や友人とも、楽しさを共有することができる人が多い印象です。

目指すべきは、**「あるある」という加点方式で幸せに生きていく〝幸齢者〟**です。

幸齢者とは、70代以降も充実した日々を送り、毎日幸せを感じている人です。

我慢ばかりする高齢者ではなく、人生を楽しみ尽くそうとする人です。

まずは、あなたが「働くこと」を通して幸齢者になってください。
本書がその一助となれば、望外の喜びです。

2025年2月吉日　和田秀樹

和田秀樹（わだ・ひでき）

1960年生まれ。1985年東京大学医学部卒業。

精神科医、臨床心理士、受験アドバイザー、映画監督、ラジオパーソナリティ、YouTuberなど多くの顔を持つ。

著書に、『80歳の壁』（幻冬舎新書）、『受験は要領 たとえば、数学は解かずに解答を暗記せよ』（PHP文庫）ほか数々のベストセラーがある。

定《てい》年《ねん》後《ご》の超《ちよう》・働《はたら》き方《かた》改《かい》革《かく》
「楽《たの》しい仕《し》事《ごと》」が長《ちよう》寿《じゆ》に導《みちび》く!

2025年2月28日　初版第1刷発行

著　者　和田秀樹《わだひでき》
組版・印刷所　萩原印刷
製本所　ナショナル製本
発行者　三宅貴久
発行所　株式会社 光文社
〒112-8011 東京都文京区音羽1-16-6
電話　編集部　03-5395-8172
書籍販売部　03-5395-8116
制作部　03-5395-8125
メール non@kobunsha.com
落丁本・乱丁本は制作部へご連絡くだされば、お取り替えいたします。

ISBN978-4-334-10563-1